Spaßbremsen und Krawallschachteln im Kita-Team?

* In Erinnerung an Ihre Frau B. bei SRH

Vom souveränen Umgang mit herausfordernden Führungskräften * und Teammitgliedern

Anja Mannhard

für den besten Ex-Chef

Anja Mannhard
Nov. 2021

Verlag an der Ruhr

Impressum

Titel

Spaßbremsen und Krawallschachteln im Kita-Team?
Vom souveränen Umgang mit herausfordernden Führungskräften und Teammitgliedern

Autorin

Anja Mannhard

Umschlagmotiv

Covermotiv unter Verwendung einer Illustration von © Julia Flasche

Illustrationen im Innenteil, sofern nicht anders angegeben

© Natascha Welz

Lektorat

Katia Simon

Druck

AZ Druck und Datentechnik GmbH, Kempten, DE

Verlag an der Ruhr
Mülheim an der Ruhr
www.verlagruhr.de

ISBN 978-3-8346-4803-7

Inhalt

Vorwort

Haben wir mit schwierigen Führungskräften oder anstrengenden Kolleginnen und Kollegen zu kämpfen, sehen wir meistens wichtige Werte verletzt. Vielen Erzieherinnen und Erziehern sind im beruflichen Umfeld Werte wie ein wertschätzendes Miteinander, Verantwortungsübernahme und Vertrauen wichtig. Das Leben dieser Werte gelingt durch eine offene und faire Kommunikation. In einem konstruktiven Miteinander gehen wir aktiv aufeinander zu, fördern uns gegenseitig, und arbeiten auf professioneller Ebene miteinander an gemeinsamen Zielen, auf die wir uns in Abstimmung und Akzeptanz verständigt haben. Wir übernehmen Verantwortung für unseren Teil der Umsetzung und für die Erreichung gemeinsamer Ziele.

Arbeiten wir am Arbeitsplatz sowohl auf der Sach- als auch auf der Beziehungsebene auf einer vertrauensvollen Basis miteinander, orientieren wir uns an unseren eigenen Stärken gleichermaßen wie an den Talenten anderer. Wir pflegen eine gelingende Anerkennungskultur miteinander, weil wir das, was jede Erzieherin und jeder Erzieher in einem Team in der Arbeit gemäß ihrer/seiner individuellen Fähigkeiten einbringt, wertschätzen. Diese Qualität ermöglicht ein offenes Miteinander, in dem (neue) Impulse und Diversität bereichern, konstruktiv Feedback gegeben und angenommen und fair miteinander umgegangen wird.

Spaßbremsen, Familienoberhäupter, Stars, Energieräuber, Krawallschachteln, Kritiker, Angsthasen, Racheengel, Gummimenschen, Ms Perfects, Chaosqueens, Sesselkleber und Egos stören die Umsetzung wichtiger Werte im Miteinander, und sie machen die Zusammenarbeit schwierig, sowohl auf kollegialer Ebene als auch im Umgang mit Vorgesetzten.

Spaßbremse

Familienoberhaupt

Erzieherinnen und Erzieher sind herausgefordert, bei sich zu bleiben, das unangenehme Verhalten möglichst nicht persönlich zu nehmen, nicht ihrerseits zu provozieren und sich nicht kleiner zu machen. Stattdessen können sie lernen, sich zu distanzieren, Grenzen zu setzen, unangenehme Zeitgenoss*innen[1] mit ihrem destruktiven Verhalten ins Leere laufen zu lassen, klar zu kommunizieren und Manipulationen abzuwehren.

Darüber hinaus gibt es die Möglichkeit, unangenehme Erfahrungen mit anderen Menschen im Job nicht nur zu parieren, sondern sie als Gelegenheit für die persönliche Weiterentwicklung zu nutzen. Das gelingt dann, wenn wir uns unserer selbst und unserer Motive wie eigener Verhaltensmuster bewusster werden, wenn wir erst einmal beobachten, statt schnell zu reagieren, wenn wir neue Verhaltensweisen planen sowie umsetzen und wenn wir uns selbst trotz Widrigkeiten immer wieder in guter Balance halten und neue Kraft durch positive Veränderungen tanken.
Auf diesem Weg möchte dieses Buch begleiten und wertvolle Anstöße für die Konfliktlösung und die eigene Persönlichkeitsentwicklung durch schwierige Zeitgenoss*innen im beruflichen Umfeld geben.

1 *Der Verlag an der Ruhr legt großen Wert auf eine geschlechtergerechte und inklusive Sprache. Daher nutzen wir das Gendersternchen, um sowohl männliche und weibliche als auch nichtbinäre Geschlechtsidentitäten einzuschließen. Alternativ verwenden wir neutrale Formulierungen.*

Keine Angst vor herausfordernden Menschen

Mit manchen Zeitgenoss*innen auf der Arbeit gleichen die Kommunikation und das Miteinander einem Hindernislauf. Es gibt viele Missverständnisse und Spannungen und man fühlt sich im Kontakt nicht wohl. Auf der Sachebene lassen sich meistens Konflikte zu den Rollen, Zuständigkeiten, Aufgaben und Prozessen der Arbeit ausmachen, aber auf der Beziehungsebene zu verstehen, was schiefläuft, ist schon schwieriger. Hier spielen vor allem biografische Erfahrungen und Prägungen eine wichtige Rolle, derer sich Menschen unterschiedlich gut bewusst sind. Manche kennen die daraus resultierenden Schwächen im Umgang mit anderen Menschen, bei anderen liegen diese Aspekte noch im Verborgenen und es fehlt an Selbstreflexion und konstruktiver Auseinandersetzung. Manche Konflikte werden offen und heftig ausgetragen, während andere verdeckt und unterschwellig lauern.

Der Kontakt mit unangenehmen Zeitgenoss*innen hat Risiken und Nebenwirkungen. Auf körperlicher und psychischer Ebene können wir uns angespannt, ausgelaugt, genervt, belastet und überfordert fühlen, was manchmal sogar in somatische Beschwerden münden kann.

Wann erleben wir Kolleginnen und Kollegen oder Vorgesetzte als schwierig? Meistens dann, wenn sie sonderbar oder exzentrisch, eigenbrötlerisch oder nicht kommunikativ, aggressiv oder bedürftig, dramatisch emotional oder nicht empathisch, unzuverlässig oder impulsiv, ängstlich oder zwanghaft, kleinkariert oder perfektionistisch sind.

Konstruktive Kommunikationsstrategien

Wenn wir uns von den Verhaltensweisen unangenehmer Zeitgenoss*innen stärker beeinflussen lassen, **machen wir häufig Fehler im Umgang mit ihnen und verschärfen die Situation,** z. B.:

- Wir sehen die Verhaltensmuster nicht als Problem der anderen, sondern lassen uns dadurch angreifen und nehmen sie persönlich.
- Wir lassen uns einschüchtern, rechtfertigen uns und machen uns kleiner.
- Wir werden laut oder explodieren sogar und schüren unsererseits das Feuer.
- Wir lassen uns beschuldigen oder suchen unsererseits einen Schuldigen.
- Wir sind passiv aggressiv, indem wir lästern, Gerüchte streuen und ausgrenzen.
- Wir strengen uns unnötig und erfolglos an, die anderen verändern zu wollen.

Allen Beispielen gemeinsam ist, dass wir uns durch das Verhalten anderer aus unserer Balance und von uns selbst wegbringen lassen. Hilfreicher ist, ein Stopp - zunächst innerlich und manchmal auch äußerlich - zu setzen, um eine gesunde Distanz zu schaffen, das, was passiert, zu beobachten, zu reflektieren und gut zu überlegen, wie wir sinnvoll reagieren und agieren wollen. Mit diesem Stopp gewinnen wir Zeit und gehen in die Vogelperspektive, die statt einer Verengung des Fokusses einen umfassenden Weitblick schafft.

Sinnvolle Verhaltensweisen als Reaktion auf unangenehme Verhaltensmuster anderer:

- Respektvoll Grenzen setzen
- Klar und höflich kommunizieren
- Schlagfertig kontern

* Ich-Botschaften senden
* Konkretes Verhalten ansprechen und spiegeln
* Distanz durch Schweigen schaffen
* Manipulationen parieren
* Die bzw. den anderen ins Leere laufen lassen
* Kluge Fragen stellen
* Mit Überraschung verwirren
* Sich selbst etwas Gutes tun
* Den Ärger verduften lassen
* Eine Pause erbitten
* Den Rückzug antreten
* Mit anderen Menschen über die Erfahrungen sprechen
* Gar nicht reagieren und für sich selbst die eigenen Anteile und Verantwortung reflektieren, wenn vorhanden

PRAXISÜBUNG

Sieben heilende Fragen

Erzieherinnen und Erzieher können sich während oder nach einer unangenehmen oder sogar verletzenden Begegnung mit einem schwierigen Menschen wie vom Blitz getroffen fühlen. Dann hilft es, aus der Lähmung oder Kränkung mit Antworten auf die folgenden Fragen wieder herauszukommen:

1. Was ist gerade konkret passiert?
2. Wie fühle ich mich gerade?
3. Was kann ich jetzt konkret tun, damit es mir besser geht?
4. Was wäre ein Zeichen dafür, dass mir das gelungen ist?
5. Wie würde ich anders denken oder fühlen, wenn die Situation besser oder gut wäre?
6. Was wäre eine erste Idee, in der Zukunft gar nicht mehr oder nicht mehr häufig in eine solche Situation zu geraten?
7. Was wären weitere kleine Dinge, die ich tun könnte, um mich künftig in solchen Situationen, wenn sie dennoch auftreten, schneller oder besser abgrenzen und schützen zu können?

PRAXISBEISPIEL

Die Kita-Leitung schnauzt die Erzieherin Maria an, weil sie eine Aufgabe nicht in ihrem Sinne erledigt hat: „Du wirst das nie schaffen!"

Nun kann Maria auf zwei verschiedene Arten souverän reagieren:

1. Sachlich: „Vielleicht habe ich die Aufgabe nicht so erfüllt, wie du dir das vorgestellt hast. Aufgrund meiner Leistungen sehe ich allerdings keinen Anlass, dass du behauptest, ich könnte die Aufgabe überhaupt nicht erfüllen. Sage mir bitte konkret, was deine Erwartungen an mich sind."
2. Humorvoll: „Ja, ich wundere mich auch, wie ich überhaupt Erzieherin geworden bin!"

Wer auf dem See oder dem Meer segelt, weiß, dass man, sobald man sich die Frage stellt, wann man bei einem aufkommenden Gewitter die Segel raffen soll, dies sofort tun muss. Vielleicht bleibt später keine Zeit mehr und das Unwetter überrascht einen. Übertragen auf Konflikte im Beruf gilt, dass man größere Irritationen und Störungen sofort ansprechen und klären sollte. Dies gilt vor allem bei unterschwelligen Konflikten, die schwerer zu greifen und dadurch auch nicht immer lösbar sind, wenn man zu lange wartet, eine Klärung herbeizuführen. Dies gelingt mit den folgenden vier Schritten.

Die vier Schritte einer Klärung:

1. Konkret und sachlich den störenden Punkt ansprechen
2. Sagen, wie es einem damit geht und welche Folgen das Verhalten des anderen für einen selbst und/oder andere hat
3. Sich die Meinung der bzw. des anderen dazu anhören
4. Gemeinsam eine Lösung finden und Veränderungsschritte verabreden

PRAXISBEISPIEL

Katja und Vera arbeiten zusammen in der Gruppe der Vorschulkinder. Vera ist in letzter Zeit immer wieder zu spät. An einem Montag kommt die Leitung zu Katja, weil sie eigentlich Vera eine Aufgabe übertragen will. Weil sie die Erzieherin nicht antrifft, delegiert sie die Arbeit an Katja. Diese ist verärgert, denn neben der Tatsache, dass sie mit ihrer eigentlichen Arbeit nicht wie geplant starten kann, hat sie Mehrarbeit am Hals.

Wie kann Katja mit Vera ein **konstruktives Konfliktgespräch** gemäß den vier Schritten führen?

1. „Vera, du bist in den letzten zwei Wochen 3-mal zu spät gekommen."
2. „Ich habe Mehrarbeit durch Anrufe, die ich für dich annehmen muss. Und nun hat mir die Leitung auch noch eine Aufgabe übertragen, die sie eigentlich dir zuteilen wollte, aber du warst nicht da. Ich gerate dadurch unter Druck, in Zeitnot und fühle mich gestresst. Außerdem ärgere ich mich über dich, weil du mir weder vorher noch hinterher zu deinem Zuspätkommen etwas mitteilst, als ob du es als selbstverständlich ansiehst, dass ich das ausgleiche."
3. „Stimmt meine Einschätzung? Und was sind die Gründe für dein Verhalten?"
4. „Wie lautet dein Vorschlag dafür, wie du dein Verhalten verändern und künftig wieder pünktlich kommen und deine Arbeit selbst übernehmen kannst?"

Reaktionen auf Frustabbau

Es kann Situationen mit schwierigen Menschen im Job geben, die nicht lohnen, dass man sich mit ihnen tiefer auseinandersetzt, weil sie einfach nur stupider Frustabbau oder aggressive Angriffslust sind. Hier ist es sinnvoller, wenn man deutlich sachlich, humorvoll oder provokativ schlagfertig reagiert. Und es geht einem hinterher auch besser.

PRAXISBEISPIEL

Sascha ist bekannt dafür, unter Stress im Team zeitweise Seitenhiebe unter der Gürtellinie zu verteilen. In einer Teamsitzung ist es mal wieder so weit, denn er fährt die Erzieherin Carla auf ihren inhaltlichen Vorschlag zu einem Projekt hin laut an: „Bist du noch zu retten?!"

Wie kann Carla reagieren?

1. *Deutlich sachlich:* „Werde bitte nicht persönlich, nur weil dir mein Vorschlag nicht gefällt."
2. *Humorvoll:* „Ist denn Gefahr in Verzug oder weshalb fragst du mich das?"
3. *Provokativ schlagfertig:* „Selbstverständlich, Sascha, aber bitte nicht von dir."

PRAXISÜBUNG

Trockenübung für den Ernstfall

Finden Sie zu den nachfolgenden Aussagen je eine deutlich sachliche, humorvolle und provokativ schlagfertige Antwort:

* „Ich frage mich, können Sie das wirklich nicht oder haben Sie keine Lust?"
* „Was für ein Drama, hast du keine anderen Sorgen?"
* „Das kannst du also auch nicht."
* „Wie oft habe ich Ihnen das schon gesagt und weshalb warte ich immer noch auf ein Ergebnis?"
* „Jetzt geben Sie sich bitte mal mehr Mühe."
* „Ich merke, dein Wissen ist nur angelesen und beruht auf keiner Erfahrung."
* „Du bist wie immer unpünktlich."
* „Deine Art nervt mich."
* „Frauen und Technik!"
* „Das kannst du gar nicht schaffen."
* „Einen besseren Kollegen als mich findest du nicht."
* „Die Gruppenleitung vor Ihnen schien intelligenter."
* „In deiner Nähe fühlen sich weder Kinder noch Eltern wohl und wir Kolleginnen und Kollegen auch nicht."
* „Du eckst einfach zu viel an - vielleicht mal etwas runder daherkommen, dann klappt es auch mit den Nachbarinnen und Nachbarn ... äh, Kolleginnen und Kollegen."
* „Die Entwicklung der Pädagogik scheint in den letzten Jahren an dir vorbeigegangen zu sein."
* „Vor dem Reden nachzudenken, wäre der Schlüssel zum Erfolg!"
* „Das geht besser."
* „Das gehört doch zur Allgemeinbildung. Ich kann wohl erwarten, dass man das weiß."
* „Steck deine Nase mal nicht in alles."
* „Du kannst mir wohl nicht folgen?"
* „Schon mal ein Fachbuch gelesen?"
* „Wo leben Sie denn?"

Strategische Selbstbestärkung

Wer in oder nach einer Situation mit unangenehmen Zeitgenoss*innen wie gelähmt ist, sucht nach Aktivierung, um reagieren zu können. Und wer wütend ist, sucht nach Beruhigung, um wieder in sein inneres Gleichgewicht zu kommen. Hilfreich zum Wiederfinden der Balance ist ein inneres oder äußeres Bild, das in die eine oder andere Richtung unterstützt. Wenn Erzieherinnen und Erzieher nach einem solchen Kraft- oder Ruhebild suchen oder es bereits gefunden haben, ist wichtig, dass sie sich bewusst machen, weshalb es ihnen Kraft oder Ruhe gibt.

PRAXISBEISPIEL

Die Erzieherin Lou schwimmt gern im Bodensee und ruht sich immer wieder auf einer der Holzinseln aus. Dabei schaut sie in den Himmel und durch die Bäume, durch die das Sonnenlicht strahlt. Dies gibt ihr die Idee, den Ärger, den sie zeitweise in ihrer Tätigkeit in der Kita erlebt, wie Unrat auf dem Wasser an sich vorbeiziehen zu lassen. Sie fühlt sich sicher in den Wellen - ob auf der schwimmenden Holzinsel oder im Wasser. Lou spürt Kraft und Ruhe zugleich. Wenn sie auf der Insel liegend in den Himmel und seitlich in die Bäume schaut, durch die das Sonnenlicht strahlt, erlebt sie Weite und innere wie äußere Freiheit. Sie fragt sich: „Was kann ein Mensch mir schon tun, wenn die viel größere Natur um mich herum so wunderbar ist?"

Auf ihrem Kalender klebt ein schönes Foto, mit dem sie diese Szene vom Land aus eingefangen hat. Wenn sie gestresst, traurig oder ärgerlich ist, betrachtet sie das Bild und sieht sich vor ihrem inneren Auge im Bodensee schwimmend und auf der Holzinsel liegend. So kommt sie schnell in eine leichtere und zuversichtlichere Stimmung.

Findet Lou heraus, welche Ressourcen in ihrem **Kraftbild** stecken, kann sie diese für ihr Arbeitsleben und für schwierige Situationen nutzen. Als die Erzieherin über ihr Bild vom Bodensee länger nachdenkt, nimmt sie die Holzinsel als Rastplatz wahr, von dem aus sie einen weiten und freien Blick hat. Die Möwen, die am Himmel kreisen, erinnern sie daran, zu ihren Problemen die Vogelperspektive einzunehmen. Sie reflektiert, dass ihr ihre geistige Freiheit über alles geht, und sie schwierige Kolleg*innen in der Kita vor allem als kleingeistig erlebt. Sich aus der Situation herauszudenken und sich an etwas Größeres angebunden zu fühlen, als das, was sich zeitweise in ihrem Beruf zeigt, gibt ihr Kraft sowie die erforderliche innere Freiheit und Unabhängigkeit.

Lou erinnert sich, dass sie als Kind *Karlsson auf dem Dach* geliebt hat, der mit seinem Propeller von oben über die Häuser kreist. Karlssons Motto ist: „Das stört keinen großen Geist!" Mit dem Helden ihrer Kindheit und dem Kraftbild vom Bodensee genießt Lou Auszeiten in schwierigen Situationen. Manchmal stecken in unseren Kraftbildern Ressourcen, die wir selbst gar nicht erkennen, sondern andere für uns. Lou ließ, ohne vorab zu sagen, was sie mit dem Bild vom Bodensee verbindet, ihre Freundinnen dazu assoziieren, und erhielt weitere Ideen neben ihren eigenen:

- Stabilität
- Tiefe
- Festigkeit
- Überblick
- Anker
- Beständigkeit
- Allen Elementen ausgesetzt
- Widerstandsfähigkeit
- Gedanken schweifen lassen
- Stärke

Mit der Heldin bzw. dem Helden der Kindheit *(vgl. Mannhard 2018a, 23)* oder mit einem Kraftbild können Erzieher*innen eine neue Haltung gegenüber unangenehmen Zeitgenoss*innen gewinnen und formulieren. Diese finden sie, wenn sie auf die positive Resonanz achten, die in ihnen durch die inneren oder äußeren Bilder erzeugt wird. Es lässt sich durch die Fortsetzung der folgenden Satzanfänge ein eigenes **Motto** für künftige schwierige Situationen am Arbeitsplatz kreieren:

- Ich will sein wie ...
- Ich will handeln wie ...
- Ich will mich fühlen wie ...
- Ich will erreichen, dass ...
- Dabei wird mir helfen ...

Schwierige Charaktere

Wenn es in unseren Arbeitsbeziehungen schwierig wird, sind die wunden, verletzlichen Punkte unserer Biografie angekratzt - die der anderen oder unsere eigenen *(vgl. Mannhard 2021)*. Es ist wichtig, dass Erzieher*innen ihre eigenen Anteile an Störungen der Kommunikation oder der Zusammenarbeit erkennen, aber manchmal haben sie die besten Absichten und stoßen dennoch auf „aufgestellte Stacheln" bei Vorgesetzten oder Kolleginnen und Kollegen. Mit schwierigen Menschen kommen wir an unsere Grenzen einer offenen und fairen Kommunikation, da diese sich nicht auf dieser Ebene bewegen (wollen). Das und sich selbst zu erkennen, und auch andere zu durchschauen, ermöglicht einen erweiterten Blick auf die Schwierigkeiten und ein Entwickeln von Strategien, mit denen wir uns in unangenehmen Situationen nicht persönlich angegriffen oder verletzt fühlen. Wir schonen mindestens Kraft und Nerven am Arbeitsplatz, wenn wir uns dort nicht mit vollem Elan in ungute Spiele verwickeln lassen oder sie selber beginnen, sondern uns souverän davon abgrenzen und heraushalten. Darüber hinaus besteht die Chance, dass unsere Arbeitsbeziehungen entspannter, kooperativer und vertrauensvoller werden, wenn wir anderen auch bei Konflikten mit positiver Absicht begegnen und deutlich machen, dass wir destruktive Verhaltensweisen nicht akzeptieren. So oder so üben sich Erzieher*innen darin, bei Schwierigkeiten gelassen zu bleiben, sich wenn nötig, Respekt zu verschaffen, sich klar auszudrücken und auf Dramen zu verzichten.

Aus Dramen aussteigen

Die Kita-Arbeit ist zum einen hochpolitisch, zum anderen hochemotional, und manchmal lassen sich Erzieher*innen in Dramen involvieren oder sie inszenieren selbst welche. Dramen bestehen aus psychologischen Spielen, die einem selbst und anderen die Kraft rauben, weil sie in der Regel zu nichts Gutem führen. Eine gute Kraftquelle ist stattdessen, Dramen zu erkennen und auf energieraubende und unproduktive Auseinandersetzungen zu verzichten. Die psychologische Grundlage von Inszenierungen am Arbeitsplatz finden sich nach der Transaktionsanalyse im „Dramadreieck" mit den Rollen Opfer, Retter und Verfolger *(vgl. Mannhard 2019)*. Nehmen wir die Rolle des Opfers ein, werten wir uns anderen gegenüber ab, als Verfolgende stellen wir uns über andere und als Rettende meinen wir, dass andere nur mit unserer Hilfe in Ordnung sind. Opfer sind unfrei, schwach, ängstlich und passiv. Verfolgende sind überkritisch, anklagend, vorwurfsvoll, egozentrisch und vermeintlich stark, indem sie andere herabsetzen. Rettende sind vermeintlich stark, um Unsicherheit zu kaschieren, überfürsorglich, bevormundend und besserwisserisch. Das Erwachsenen-Ich agiert hingegen systematisch, analytisch und angemessen emotional. Es erkennt Ursache und Wirkung und reflektiert das eigene Verhalten, ohne sich abzuwerten.

PRAXISBEISPIEL

*Olga ist mit ihrer Arbeit zufrieden, aber ihre Kollegin Martina in ihrer Gruppe treibt sie immer wieder zu neuen Aufgaben an. Wenn Olga einen Gang zurückschalten und die Aufgaben reduzieren will, klagt Martina, dass sie alles alleine machen müsse. (Opferrolle) Macht Olga Vorschläge für Alternativen, greift Martina plötzlich an: „Ich habe es nicht nötig, mich von einer Kollegin zurechtweisen zu lassen." (Verfolger*innenrolle) Olga spürt, wie sich alles in ihr verkrampft, sie fühlt sich niedergemacht und sie sagt zu Martina: „Das ist total ungerecht, wie du mit mir umgehst." (Opferrolle) Martina antwortet weinerlich: „In dieser Kita stehe ich immer alleine mit allem da." (Opferrolle) Olga lässt sich erweichen und bietet Martina Hilfe bei der Erfüllung der Aufgabe an (Retter*innenrolle).*

Dieses psychologische Spiel lässt sich mit ständig wechselnden Rollen endlos weiterspielen. Der Hintergrund sind Jammern, Selbstmitleid, Selbstabwertung und Buhlen um Aufmerksamkeit und Zuwendung - an sich eine kindliche und wenig reife Ebene. Was fehlt, ist das Erwachsenen-Ich, auf dem sich beide Personen ebenbürtig begegnen, ohne sich gegenseitig Vorwürfe zu machen.

Drama-Verzicht lohnt sich für Erzieherinnen und Erzieher, weil sie ...

* bessere und ehrlichere Arbeitsbeziehungen aufbauen,
* gelassener und sympathischer wirken und sind,
* sich emotional souveräner verhalten,
* sich nicht manipulieren lassen,
* erfolgreicher arbeiten, weil sie ihre Energie nicht mit Dramen verschwenden,
* ihre Teamfähigkeit durch echtes kooperatives Verhalten verbessern,
* sicher in sich selbst ruhen und dadurch Krisen durch Selbstzweifel vermeiden sowie
* ihr Wohlbefinden und ihre Gesundheit schützen.

Die eigenen Schwächen aufspüren

Bevor sie auf andere Menschen schauen, kommen Erzieherinnen und Erzieher weiter, wenn sie zunächst bei sich selbst überprüfen, welche Schwächen - meist unter Stress - sie aufweisen, mit denen sie ihrerseits die Zusammenarbeit mit unangenehmen Zeitgenoss*innen (zusätzlich) erschweren. Der nachfolgende Selbsttest gibt Aufschluss.

PRAXISÜBUNG

Meine Schwächen erkennen

Kreuzen Sie an, wenn Sie einer Aussage zustimmen und diese Verhaltensweise von sich kennen. Sie finden nachfolgend eine Auflösung, zu welchen Verhaltensmustern Sie neigen, wenn Sie in einer oder mehreren Kategorien mehrere Kreuze gesetzt haben.

a) Ich merke, dass ich in der Kita manchmal nicht nur die Kinder erziehen will, sondern auch meine Kolleginnen und Kollegen.
b) Man sagt mir, ich kann mich und meine Arbeit gut verkaufen, auch wenn sie Schwächen aufweist.
c) Ich fühle mich in der Arbeit häufiger hilflos.
d) Ich bin geradeheraus und benenne meine Erwartungen und Forderungen an andere sehr direkt.
e) Die Fehler anderer ärgern mich und ich weise sie auch darauf hin.
f) Ich erlebe die Arbeit als anstrengend und fühle mich oft überfordert.

g) Wenn mich jemand sehr geärgert oder gekränkt hat, überlege ich, wie ich es ihm heimzahlen kann.

h) Ich kann Konflikte nicht leiden und predige am Arbeitsplatz immer wieder, wie wichtig die Harmonie für eine gute pädagogische Arbeit ist.

***

a) Ich möchte anderen helfen, wenn sie Probleme haben, und finde, sie verschließen sich mir gegenüber und können Hilfe nicht annehmen.

b) Ich finde es wichtiger, voranzukommen und zu gewinnen, da kann man schon mal fünf gerade sein lassen.

c) Ich brauche andere, die mir zuhören und die helfen, meine Arbeit zu schaffen.

d) Ich kann mich in Konflikten gut durchsetzen, klein beigeben ist nicht meins.

e) Meine Kolleginnen und Kollegen haben nicht das gleiche Engagement wie ich.

f) Wenn mir etwas zu viel wird, ziehe ich mich zurück.

g) Ich beteilige mich gern mal an einem Tratsch unter Kolleginnen und Kollegen, und ich finde, manche Menschen nerven schon gewaltig, sodass man sich nur damit Luft machen kann.

h) Ich nehme mich selbst nicht so wichtig.

***

a) Man sagt mir, ich könne mich gut durchsetzen.

b) Wenn ich einen Fehler gemacht habe, möchte ich den nicht breittreten und am liebsten auch nicht darüber sprechen.

c) Ich habe Zweifel, Ängste und Sorgen, wenn ich an meine Arbeit denke.

d) Andere haben Respekt vor mir.

e) Kooperative Teamarbeit bedeutet doch für die meisten vor allem nur: Toll, ein anderer macht es!

f) Spannungen und Konflikte machen mir Angst und ich will davon lieber nichts wissen.

g) Wenn mich die Leitung ungerecht behandelt, vergesse ich schon einmal, die ein oder andere Aufgabe pünktlich zu erledigen.

h) Wenn jemand Kritik an jemand anderem übt, so stehe ich der Person, die kritisiert wird, sofort bei.

***

a) Manchmal reagieren meine Kolleginnen und Kollegen ablehnend und zurückweisend auf mich.

b) Wenn mich die Leitung auf Mängel meiner Arbeit hinweist, ärgert mich das.

c) Ich frage oft alle anderen im Team, wenn ich in Situation nicht weiterweiß.

d) Wenn mich etwas stört, kann ich schon mal laut werden.

e) Ich finde, dass sich viele Erzieherinnen und Erzieher im Beruf nicht weiterentwickeln, sondern stehen bleiben.

f) Ich hätte im Beruf gerne mehr erreicht, weiß aber nicht richtig, wie ich es anpacken soll.

g) Als ich mich einmal sehr über die Leitung geärgert habe, bin ich gleich zum Träger gegangen und habe mich beschwert, ohne vorher mit ihr darüber zu sprechen.

h) Die Leitung nennt mich des Öfteren „die Mutter Teresa/den Jesus" des Teams.

* Testauflösung *

a) → Familienoberhaupt

Sie neigen dazu, die Grenzen anderer Menschen zu überschreiten und Entscheidungen für andere zu treffen, weil Sie davon überzeugt sind, es besser zu wissen. Die anderen fühlen sich übergangen, unter Druck gesetzt oder bevormundet. Beobachten Sie, wann Sie grenzüberschreitend agieren, und nehmen Sie sich zurück. Gehen Sie in sich, was Ihr dahinterliegendes Bedürfnis in Bezug auf Sie selbst ist und was Ihre frühere Rolle in der Herkunftsfamilie war, die dieses Verhaltensmuster ggf. antrainiert hat.

b) → Star

Sie neigen zur Selbstdarstellung sowie zum Blenden und verbergen gern Schwächen und Fehler, die jeder Mensch hat oder macht. Damit bauen Sie bei anderen eine unrealistische Erwartungshaltung auf, sodass diese in der Folge von Ihnen enttäuscht sind oder sich getäuscht fühlen. Beobachten Sie, wann Sie zu übertriebener Selbstdarstellung und dem Vertuschen von Defiziten neigen. Wurden in Ihrer Herkunftsfamilie Aufmerksamkeit, Lob und Liebe an Bedingungen geknüpft, sodass Sie z. B. schon als Kind keine Fehler machen durften oder besonders lieb und angepasst sein mussten oder immer eine Bestleistung erbringen sollten?

c) → Energieräuber

Sie neigen dazu, sich anderen gegenüber als kindlich, hilflos und überfordert zu präsentieren. Diese geraten Ihnen gegenüber schnell in eine Helferrolle und sehen Sie nicht als gleichberechtigt an. Reflektieren Sie, weshalb Sie in diesem kindlichen Verhaltensmuster heute noch gefangen sind. Sind Sie vielleicht schon als Kind sehr ängstlich oder kränklich gewesen oder hat man Sie permanent überfordert und Sie durften gar kein Kind sein, sodass diese Bedürfnisse heute noch unerfüllt sind?

d) → Krawallschachtel

Sie neigen dazu, andere Menschen einzuschüchtern und zu überfahren. Sie tragen zu viele Kämpfe aus und setzen sich manchmal auch über andere hinweg, um zu siegen. Andere Menschen geben Ihnen gegenüber wahrscheinlich schnell nach oder sie rächen sich indirekt mit passiver Aggression, weil sie sich von Ihnen verletzt oder gekränkt fühlen. Reflektieren

Sie, ob in Ihrer Herkunftsfamilie Schwäche verpönt war, und wie man dort mit Gefühlen umgegangen ist. Wie war das Vertrauensverhältnis in der Familie? Gab es bei einem Streit nur Gewinner*innen und Verlierer*innen?

e) → Kritiker

Sie neigen dazu, andere Menschen schnell zu bewerten oder abzuwerten. Sie treten besserwisserisch auf und können schon mal harsche und verletzende Kritik üben. Damit stoßen Sie Menschen von sich weg und halten sie auf Distanz. Oder diese strengen sich übermäßig an, um es Ihnen recht zu machen, aber wirklich wohlfühlen werden sie sich mit Ihnen nicht. Beobachten Sie, wann Sie den Impuls verspüren, zu bewerten oder abzuwerten, und unterlassen ihn erst einmal. Reflektieren Sie stattdessen, wie dieses Verhaltensmuster mit Ihrer Kindheit zusammenhängt und wann es sich entwickelt haben könnte. Gab es in Ihrer Herkunftsfamilie wenig Empathie und Verständnis füreinander, und wurde über andere Menschen häufig negativ geredet und geurteilt?

f) → Angsthase

Sie neigen dazu, auszuweichen, sobald sich etwas als anstrengend, unangenehm oder herausfordernd erweist. Andere Menschen können sich von Ihnen im Stich gelassen fühlen oder sauer auf Sie werden, weil Sie nicht da sind, wenn man Sie braucht. Reflektieren Sie dieses Verhaltensmuster im Hinblick auf Ihre Herkunftsfamilie. Waren Sie in der Kindheit realen Gefahren ausgesetzt, vielleicht sogar einem Trauma? Dann ist es möglich, dass sie sich heute vor jeder „gefährlichen" Situation schützen und zurückweichen, weil Sie diese Erfahrungen noch nicht in Ihr Erwachsenen-Ich integriert haben. Oder hatten Sie Helikopter-Eltern, die alles überwachten, was Sie taten, und Ihnen nichts zutrauten?

g) → Racheengel

Sie neigen dazu, Konflikte nicht konstruktiv auszutragen, sondern sich an anderen Menschen zu rächen oder sie zu bestrafen, wenn Sie sich von ihnen verletzt oder gekränkt fühlen. Manche treten mit Ihnen als Reaktion auf Ihr Verhalten in einen Machtkampf, andere ziehen sich wahrscheinlich eher von Ihnen zurück.

h) → Gummimensch

Sie neigen dazu, Konflikte unter den Teppich zu kehren, wo sie dann ein moderndes Eigenleben entwickeln. Sie möchten und erwarten wenig von anderen und sind der Meinung, dass jeder Mensch grundsätzlich nur die besten Absichten verfolgt. Anderen fehlt in Ihnen ein Gegenüber, mit dem sie sich konstruktiv auseinandersetzen und an dem sie sich reiben können, um die gemeinsame Sache voranzubringen und sich weiterzuentwickeln.

Schwächen ausgleichen oder sogar zu Stärken ausbauen:

Familienoberhaupt
Statt die Grenzen anderer zu überschreiten, können Sie in wohlwollender Weise andere Menschen für Ihre Ideen und Ziele begeistern. Dabei geben Sie anderen wie sich selbst die Chance, den eigenen Weg zu gehen. Sie üben sich im Loslassen.

Star
Lernen Sie, Sie selbst zu sein und zu Ihren Stärken wie Schwächen zu stehen. Das erlauben Sie auch anderen. Sie hören auf, um Anerkennung zu buhlen, und knüpfen gegenseitige Unterstützung im Arbeitsleben nicht an Bedingungen.

Energieräuber
Trennen Sie Wichtiges von Unwichtigem und verlangen Sie anderen nicht zu viel ab. Übernehmen Sie Selbstverantwortung.

Krawallschachtel
Setzen Sie sich damit auseinander, was eine positive „Seinsautorität" und was destruktiver Machtmissbrauch ist.

Kritiker
Sie wissen, dass niemand ohne Fehler und Mängel ist, auch Sie selbst nicht. Gehen Sie damit wohlwollend und nachsichtig um.

Angsthase
Nehmen Sie sich mit angemessenen Ängsten an und sagen Sie Nein zu Übertreibungen und Dramen. Wenn Sie merken, dass Ängste sich in Feigheit verwandeln, stellen Sie sich und erweitern Sie Ihre Komfortzone.

Racheengel
Übertreiben Sie nicht den Kampf um Gerechtigkeit und lassen auch mal fünf gerade sein. Bleiben Sie fair, auch wenn Sie verletzt sind.

Gummimensch
Ducken Sie sich bei klarer Ungerechtigkeit oder bei Missständen nicht weg. Halten Sie Spannungen und Konfrontation aus und vertreten Sie Ihre Meinung.

Begegnungen mit Familienoberhäuptern, Stars und Co.

Nehmen wir an, dass die Fachkraft, die dieses Buch liest, sich ernsthaft und tiefer gehend mit den eigenen Schwächen auseinandergesetzt hat und am Arbeitsplatz an einem konstruktiven Miteinander interessiert ist. Dennoch könnten Frau Müller und Herr Meier an unangenehme Zeitgenoss*innen geraten, die ein destruktives Spiel beginnen. Um Distanz zu bekommen und sich nicht involvieren und verwickeln zu lassen, ist es wichtig, dass Frau Müller und Herr Meier solche Strategien von anderen erkennen.

Warnsignale in konkreten Situationen:

Begegnung mit einem Familienoberhaupt

* Sie fühlen sich in Ihren Interessen und Bedürfnissen verletzt.
* Sie empfinden Angst, Bedrohung, Unsicherheit, Ärger, Wut oder Hilflosigkeit.
* Sie flüchten, geben nach oder kämpfen.

Begegnung mit einem Star

* Sie sehen Ihre Erwartungen enttäuscht.
* Ihre Wünsche und Bedürfnisse an Ihr Gegenüber zerplatzen wie Seifenblasen.
* Sie ziehen sich zurück, lassen sich weiter täuschen oder stellen eine Falle, um zu überführen.

Begegnung mit einem Energieräuber

* Sie werden in Ihrem Helfendeninstinkt angesprochen.
* Sie überfordern sich in Ihrer Helfendenrolle.
* Sie stellen sich selbst zurück, vermeiden den Kontakt oder reagieren aggressiv.

Begegnung mit einer Krawallschachtel

* Sie verfallen in Ihr Kind-Ich.
* Sie verfallen in Angst und reagieren körperlich, Ihre Gedanken kreisen und Sie verfallen evtl. ins Katastrophendenken.
* Sie geben nach, vermeiden im Kontakt jede offene Konfrontation und Auseinandersetzung oder kämpfen.

Begegnung mit einem Kritiker

* Sie fühlen sich abgewertet.
* Sie fühlen sich verletzt, gekränkt oder empört.
* Sie geben recht und geloben Besserung, vermeiden alles, was einen Ansatz für eine destruktive Kritik hergeben könnte oder verteidigen sich und kämpfen.

Begegnung mit einem Angsthasen

* Ihre Bedürfnisse werden nicht erfüllt, weil die andere Person ausweicht.
* Sie sind enttäuscht, traurig oder verärgert bis wütend.
* Sie reden sich die Dinge schön, vermeiden Ihrerseits den Kontakt oder üben Druck aus.

Begegnung mit einem Racheengel

- An Ihnen wird sich gerächt oder Sie werden bestraft.
- Sie machen eine Bestandsaufnahme des Ihnen entstandenen Schadens.
- Sie geben sich die Schuld, behandeln die andere Person wie ein rohes Ei oder rächen sich Ihrerseits.

Begegnung mit einem Gummimenschen

- Sie haben den Eindruck, es mit einem nicht greifbaren Menschen zu tun zu haben.
- Sie sind verwirrt, irritiert bis verärgert oder auch wütend.
- Sie ziehen sich zurück, reden sich die Dinge schön oder greifen an.

PRAXISTIPPS

Zum Umgang mit schwierigen Verhaltensmustern

Kontakt mit einem Familienoberhaupt

Halten Sie angemessen Abstand und werden Sie nicht zu schnell zu vertraulich. Achten Sie gut auf Ihre Bedürfnisse und setzen Sie sich, wenn nötig, durch. Grenzen Sie sich, wenn nötig, konstruktiv ab.

Kontakt mit einem Star

Pflegen Sie ein gesundes Misstrauen und gehen Sie großartigen Versprechungen nicht auf den Leim. Achten Sie darauf, dass Ihre eigene Leistung und Arbeit nicht in einem Zusammenhang mit dieser Person gesehen werden.

Kontakt mit einem Energieräuber

Geben Sie nicht zu viel und gehen Sie nicht über Ihre Grenzen. Finden Sie ein gesundes Maß zwischen Unterstützung und „Bemuttern". Achten Sie auf Ihre eigenen Bedürfnisse und grenzen Sie sich von unangemessenen Erwartungen und Forderungen ab.

Kontakt mit einer Krawallschachtel

Machen Sie sich nicht kleiner und halten Sie stand. Suchen Sie nach gemeinsamen Zielen und lassen Sie sich dabei aber nicht überfahren. Vertreten Sie Ihre Interessen und sagen Sie Ihre Meinung.

Kontakt mit einem Kritiker

Sehen Sie Abwertung als Problem der anderen Person an und nicht als Ihres. Grenzen Sie sich gegen unsachliche oder falsche Kritik ab und stellen die Dinge richtig, wenn nötig auch bei Dritten, wenn die Person Ihnen nicht zuhört oder bei anderen schlecht über Sie redet.

Kontakt mit einem Angsthasen

Sehen Sie die Vermeidung als Problem der anderen Person und ärgern Sie sich nicht. Wenn Sie von dem Verhalten in Ihrer Arbeit beeinträchtigt sind, konfrontieren Sie die Person konstruktiv mit den Folgen ihres Verhaltens.

Kontakt mit einem Racheengel

Erkennen Sie die offene oder verdeckte Aggression. Konfrontieren Sie sachlich, welche Folgen das Verhalten hat. Wenn Sie sich dabei nicht verbiegen, entschärfen Sie die Situation mit kleinen Zugeständnissen. Wenden Sie sich bei massiven Grenzüberschreitungen an die Mitarbeiter*innenvertretung oder an die (höhere) Führungsebene.

Kontakt mit einem Gumimenschen

Versuchen Sie, eine Brücke zu bauen, sodass sich die Person leichter auf Gespräche zu Differenzen und ggf. auch Konflikten einlassen kann. Fordern Sie die Person wohlwollend und setzen Sie sie nicht unter Druck.

TIPP: WENN-DANN-PLÄNE

Die Trainerin und Bloggerin Silke Weinig empfiehlt zum Umgang mit unangenehmen Zeitgenoss*innen im Hinblick auf eine Verhaltensänderung bei sich selbst sogenannte „Wenn-Dann-Pläne". Davon erzählte sie mir im persönlichen Gespräch. In Weinigs Buch *(Weinig, S. (2019) Mit schwierigen Menschen klarkommen. Hannover: Humboldt)* ist mehr darüber zu lesen. Solche Pläne können Erzieherinnen und Erziehern dabei helfen, ein neues und besseres Verhalten nicht nur zu planen, sondern auch umzusetzen. Da die emotionale Reaktion in einer unangenehmen Situation immer schneller ist als die rationale, können wir uns auf reale Gegebenheiten vorab vorbereiten und unserem Unbewussten „sagen", wie es reagieren soll, wenn die Situation eintritt (Wenn-Dann). Dabei kann das Andocken an das in diesem Kapitel beschriebene persönliche Kraftbild (siehe S. 14) helfen, z. B.: „Wenn Verena mich ärgert, sehe ich mich innerlich entspannt auf der Holzinsel im Bodensee liegen, und der Unrat (die negativen Gefühle) schwimmt unter und neben mir vorbei." Eine zweite Möglichkeit ist, sich auf den Körper zu konzentrieren, z. B.: „Wenn die Leitung mich unangemessen kritisiert, atme ich drei Mal tief ein und aus."

PRAXISÜBUNG

Kraftrezept gegen Blessuren im Job

Wenn Sie mit einer Person mit einem schwierigen Verhaltensmuster in Kontakt waren, hilft zu Ihrer Regeneration ein gutes „Medikament". Dies ist die Rezeptur für Ihr „Medikament":

1. Wie lautet der Name des Medikaments, das Sie sich für schwierige Situationen verordnen (z. B. eine neue Haltung, eine positive Affirmation oder ein neues Ziel)?
2. Welche Wirkung soll das Medikament auf Sie haben?
3. Wie gehen Sie mit Risiken und Nebenwirkungen vorausschauend um?
4. Was sind die wichtigsten Botenstoffe Ihres Medikaments?
5. Wie häufig und in welcher Dosis „nehmen Sie das Medikament ein"?

Gelassenheit und Schlagfertigkeit

Manche Erzieherinnen und Erzieher bewundern schlagfertige Menschen, wenn sie selbst bei Angriffen unter der Gürtellinie sprachlos werden. Dazu muss man aber kein Genie sein oder Meister*in des Selbstbewusstseins, sondern jede*r kann lernen, verbale Angriffe souverän zu parieren.

PRAXISBEISPIEL

Der Erzieher Paul sagt zu seinem Kollegen Frank, als dieser wegen eines dringlichen Telefonats drei Minuten zu spät aus der Pause zurückkommt: „Machen wir mal wieder seit zwei Stunden Mittagspause?" Frank kontert aggressiv: „Na, mit der Frisur kommst du aber auch nicht weiter!"

In solchen Situationen, in denen man zu Unrecht attackiert und einem ein geringer Fehler übertrieben ausgelegt wird, fühlen sich die meisten Erzieherinnen und Erzieher überrumpelt und oft auch sprachlos, oder sie schießen in ebenso übertriebener Weise dagegen, wie Frank im Praxisbeispiel. Damit ist die Gefahr einer Eskalation groß und besser wäre, nicht in feindlicher Absicht schlagfertig zu kontern, sondern vielmehr den Vorstoß des anderen in feiner und gewitzter Weise zu parieren. Wer hier das rechte Maß wahrt, gewinnt durch Schlagfertigkeit, kann unangenehme Situationen und Konflikte entschärfen und sich Respekt verschaffen.

Schlagfertigkeit kann zur Waffe werden und andere Menschen verletzen - dessen sollten Sie sich bewusst sein - und sie ist auch kein Allheilmittel. Sie sollten sich nicht zwingen, schlagfertig zu sein, denn es ist normal und die meisten Menschen reagieren so, dass Sie sich auf einen Angriff unter Druck gesetzt fühlen und sich zurückziehen. Meistens fällt einem erst später ein, was man hätte sagen können.

Besonders schlagfertige Menschen verfügen über ein gutes Sprachgefühl, eine schnelle und genaue Analyse von Situationen und Menschen sowie über ein gutes oder besonders hohes Maß an Humor und (Selbst-)Ironie. Diese Messlatte muss sich niemand zum Ziel nehmen, sondern es genügt, wenn man sich auf gewisse Situationen mit ein paar Tipps zur verbalen Gegenwehr vorbereitet.

Momente der Sprachlosigkeit überwinden

Wenn Erzieherinnen und Erzieher wissen, wann sie sprachlos werden, können sie sich besser aus der Ohnmacht befreien: Sind Sie sprachlos gegenüber besonders angriffslustigen Kolleginnen und Kollegen oder Vorgesetzten? Werden Sie sprachlos, wenn jemand Sie ungerechtfertigt kritisiert oder pauschal abwertet, weil Sie es nicht fassen können, dass andere respektlos mit Ihnen umgehen? Verstummen Sie, wenn Sie beim Sprechen ständig unterbrochen werden?

Unabhängig von einer konkreten Situation helfen bei verbalen Angriffen für eine **schnelle Gegenwehr** so gut wie immer die folgenden Floskeln:

- „Haben Sie gerade etwas gesagt?"
- „Soso!"
- „Dazu fällt mir gerade nichts ein."

* „Aha!"
* „Wenn du meinst!"
* „Ich merke, du bist wirklich konzentriert bei der Sache."

Im Umgang mit Führungskräften empfiehlt sich durch die Hierarchie eine mildere Variante in Form von **Gegenfragen**, zum Beispiel:

* „Was genau verstehen Sie unter Ihrer Aussage?"
* „Wollen Sie damit sagen, dass ...?"
* „Meinen Sie also, dass ...?"

Wer gelassen und schlagfertig auf unangenehme Zeitgenoss*innen reagieren will, muss sich zunächst fragen, ob er oder sie selbst provoziert. Das hätte mit einem souveränen Vorgehen wenig zu tun und würde eine negative Grundstimmung schaffen, selbst wenn diese nur indirekt durch die Körpersprache ausgedrückt oder unterstrichen wird. Souveränität kommt uns abhanden, wenn wir in schwierigen Situationen **denken**:

* Das kann ich nicht!
* Ich bin Auseinandersetzungen nicht gewachsen!
* Da ziehe ich den Kürzeren!
* Das geht überhaupt nicht!

Stattdessen können Sie sich Mut zusprechen und sich selbst mit folgenden **Affirmationen** bestärken:

* Ich kann auf zivile Weise unfaire Verhaltensweisen parieren!
* Ich lasse mich weder einwickeln noch nehme ich jeden Kampf auf!
* Ich habe schon viele Herausforderungen gemeistert!
* Yes, I can!

Souverän und gelassen reagieren

In konfrontativen Begegnungen mit unangenehmen Zeitgenoss*innen ist es wichtig, jeden Ausdruck von Weichmachern und Unsicherheiten zu unterlassen, da sie dem Gegenüber nur Wasser auf die Mühlen geben. Solche **Signale** könnten sein:

* Häufig den Konjunktiv verwenden
* Häufig unspezifische Ausdrücke (Füllwörter) verwenden
* Viel von der Hoffnung reden („Ich hoffe, dass ...")
* Sich rechtfertigen oder entschuldigen

* Schwacher Händedruck
* In sich zusammengesunkene Körperhaltung
* Nestelnde Bewegungen
* Piepsende oder leise Stimme
* Fehlender oder hektischer Blickkontakt

PRAXISTIPP

Inhaltlich überzeugen Erzieherinnen und Erzieher in schwierigen Gesprächen mit klarer Kommunikation, indem sie ...

* ihren Standpunkt ohne Umschweife darlegen,
* die wichtigsten Argumente mit je einem Beispiel untermauern,
* eine Schlussfolgerung daraus ziehen und
* mit einem Appell an das enden, was die andere Person tun soll.

Wird eine Situation sehr unangenehm, kann es eine gute Hintertür sein, auf Zeit zu spielen und sich in Ruhe das weitere Vorgehen zu überlegen, bevor man sich durch eine unüberlegte Reaktion in eine schlechte Position bringt. Sie können ein Gespräch unterbrechen und die Fortsetzung mit einer Begründung auf später verschieben. Bei einer klaren Kommunikation ist es sinnvoll, sich bei Argumenten vor allem auf Fakten zu konzentrieren, die ggf. auch belegbar sind. Selbst wenn Sie meinen, absolut im Recht zu sein und das Gegenüber im Unrecht wissen, sollten Sie für Kompromisse offen sein, um eine Lösung zu erarbeiten und die Dissonanz oder den Konflikt beizulegen. Es kann aber auch Grenzen des Zumutbaren mit unangenehmen Zeitgenoss*innen geben, die beispielsweise in Beleidigungen, massiven Angriffen oder persönlichen Abwertungen münden. Auf solches Verhalten richtig zu reagieren, kann man erlernen und trainieren.

Gute Reaktionsweisen sind z. B.:

* Aussagen unkommentiert ins Leere laufen lassen
* Sich zurückziehen
* Klar die eigene (andere) Meinung kurz und bündig kundtun
* Auf die Sachebene abzielen
* Sich Verbündete suchen

Das Salz in der Suppe

Wenn Erzieherinnen und Erzieher mit Schlagfertigkeit punkten möchten, dürfen sie sich nicht auf eine perfekte Antwort versteifen. Hier ist eher die Schnelligkeit einer Reaktion das Salz in der Suppe. Schlagfertigkeit bedeutet, kurz, schnell und souverän eine unangemessene Bemerkung zu kontern. Die Gegenwehr soll die andere Person nicht umhauen oder entwürdigen, sie soll nicht provozieren und sie soll vor allem die Situation entspannen bzw. beenden. Patentrezepte helfen nicht, denn das Zielverhalten muss zur Person passen, aber es können Hilfestellungen und Empfehlungen gegeben werden. Diese zielen vor allem mit einer Bestandsaufnahme auf die persönliche Haltung ab, denn wenn die stimmt, erweitern Erzieherinnen und Erzieher auf natürliche und authentische Weise ihr **Repertoire**:

- Haben Sie etwas Spaß an einer kontroversen Diskussion, bei der es auch mal hoch hergeht?
- Haben Sie Lust darauf, ab und an schlagfertig zu kontern?
- Sind Sie selbstbewusst und auf charmante Weise auch mal frech?
- Verfügen Sie über eine schnelle Auffassungsgabe und können sich gut konzentrieren?
- Verfügen Sie über gute Kommunikationsfähigkeiten?
- Erleben Sie sich als wertvoll und haben Sie es verdient, dass man gut mit Ihnen umgeht?
- Gehen Sie mit anderen Menschen grundsätzlich respektvoll um?
- Kennen Sie Wege und Mittel, Ihre Souveränität zu stärken?
- Kennen Sie die Macht der Stimme und der Körpersprache?
- Haben Sie sich aus der Nettigkeitsfalle befreit?
- Kennen Sie die positive Wirkung von Humor?

Die Pädagogin und Autorin Barbara Berckhan empfiehlt für die Kommunikation mit unangenehmen Zeitgenoss*innen Judo mit Worten zu betreiben *(vgl. Berckhan 2008, gesamtes Buch)*. So gibt es für sie jenseits von Hauen oder Abhauen verschiedene Methoden, gelassen Kontra zu geben:

- **Entgiftende Gegenfrage:** Die verletzenden Worte kurz wiederholen und nachfragen, was damit gemeint ist bzw. was die Person darunter versteht. Stichelt sie weiter, konkreter nach dem Warum solcher Äußerungen fragen.
- **Lebhaft schweigen:** Mit ausdrucksstarker oder neutraler Mimik und Gestik schweigen und sich z. B. die Worte der anderen Person notieren, ohne etwas dazu zu sagen.

* **Zweisilbiger Kommentar:** Bei Provokationen gewinnt man mit Kommentaren wie „Soso!", „Ah ja!", „Potzblitz!" Zeit und Distanz und zeigt, dass man sie an sich abprallen lässt.
* **Überraschendes Kompliment:** Bei besserwisserischen arroganten Bemerkungen eignet sich ein Kompliment ohne ironischen Tonfall, z. B.: „Du bist mir haushoch überlegen, bitte bleib so!"
* **Unpassendes Sprichwort:** Auf eine unpassende Bemerkung mit einem ebenfalls unpassenden Sprichwort reagieren (und sich für den Fall der Fälle ein paar zurechtlegen)
* **Recht geben:** Zustimmen, ohne sich bei Rechthaberei in die Meinung der anderen Person verwickeln zu lassen, mit der Haltung, dass man nicht jeden Kampf austragen muss

Entwicklung und Wachstum

Wenn sich Erzieherinnen und Erzieher in einem Konflikt mit unangenehmen Zeitgenoss*innen befinden, tun sie gut daran, diesen frühzeitig zu erkennen und anzugehen. Sie sollten wahrnehmen, wo man mit ihnen nicht gut umgeht oder sie im Regen stehen lässt, und für sich Entscheidungen treffen. Wichtig ist auch, dass sie sich ihrer beruflichen Verantwortung gerade bei ernsteren Konflikten am Arbeitsplatz bewusst sind. Werden diese nicht gelöst, leidet die Qualität der Arbeit und die Kinder geraten in die Disharmonie der Erwachsenen. Das kann bis zu Haftungsfragen gelangen, wenn eine Erzieherin oder ein Erzieher aufgrund der Dissonanzen unaufmerksam betreffend Gefahren für Kinder wird, die abgewendet werden müssten. Dabei zu denken, dass es schon gut gehen wird, ist problematisch. Fühlen sich Erzieherinnen und Erzieher aufgrund stärkerer Dissonanzen am Arbeitsplatz belastet und wird ihnen nicht zeitnah geholfen, sodass diese geklärt und aufgelöst werden, sollten sie dies nach oben melden. Mit einer Überlastungsanzeige machen sie sich frei, denn dann ist die (obere) Führungsebene in der Pflicht.

Positive Fehlerkultur

In einem offenen und konstruktiven Umgang mit Konflikten gibt es eine positive Fehlerkultur und es wird darauf verzichtet, eine schuldige Person zu suchen, die dafür einseitig die Verantwortung zu übernehmen hat.

Stattdessen werden Störungen in der Zusammenarbeit und Kommunikation offen betrachtet und Lösungsmöglichkeiten entwickelt, was alle Beteiligten beitragen können, um sie auszuräumen. Es geht darum, eine Steuerung des Konflikts so zu übernehmen, dass eine weitere qualitativ gute Zusammenarbeit gewährleistet bleibt oder wiederhergestellt wird. Anderenfalls können Konflikte zum Schaden aller außer Kontrolle geraten. In der Kita-Arbeit quaken viele Frösche vom Teich her, denn die Tätigkeit und die Interessen der darin agierenden Zielgruppen sind zum einen manchmal hochpolitisch, und zum anderen hochemotional.

Achtung: Nicht selten führt unangemessene Dramatisierung zum Erfolg, dass damit die eigenen Interessen zum Nachteil anderer einseitig durchgesetzt werden. Wenn Erzieherinnen und Erzieher diese Verhaltensmuster erkennen, können sie sich souverän von Inszenierungen dieser Art abgrenzen.

Wie wachsen wir?

Was hat es auf sich mit diesem Über-sich-selbst-Hinauswachsen? Unsere Haare wachsen und ein Baum wächst auch. Liebe und Hass können wachsen. Können wir immer weiterwachsen? Und was wächst dann? Wachsen wir an Erfahrung, Weisheit und Persönlichkeit? Ist Wachstum ein Lebensgesetz? Wohin wachsen wir, wenn über uns hinaus? Wachsen wir auf ein besseres Ich hin, das echt ist, weil es einem höheren Selbst entspricht, oder geht es um ein Ideal? Verlieren oder gewinnen wir beim Wachstum? Und wenn wir wachsen wollen, weil wir dies als eine positive Entwicklung - beruflich und persönlich - ansehen, was brauchen wir dazu? Was können wir dafür tun und was sollten wir besser lassen? Auf all diese Fragen kann jede Erzieherin und jeder Erzieher nur eine persönliche Antwort finden, die individuell Gültigkeit hat.

Wachstumsimpulse zur persönlichen Entwicklung nutzen

Wenn Erzieherinnen und Erzieher über die in diesem Buch beschriebene (psychologische) Ebene hinaus die Erfahrungen mit unangenehmen Zeitgenoss*innen nutzen möchten, um sich persönlich und ggf. auch spirituell weiterzuentwickeln, können Wachstumsimpulse aus etwas als negativ Erlebtem und vielleicht sogar aus einem Scheitern heraus gestaltet werden.

Es kann eine Differenz zwischen dem eigenen Ideal von sich und der Realität geben. Diese lässt sich durch persönliche Entwicklung ein Stück weit „überwachsen". Sie können schwierige Zeitgenoss*innen als Lehrmeister*innen nutzen.

Entwicklung durch die Auseinandersetzung mit einem Familienoberhaupt

Menschen, die Sie bewusst immer wieder in Ihr Kind-Ich herabsetzen, können Sie verformen, wenn Sie nicht aufpassen. Sie dehnen Ihre Grenzen aus, bis Sie selbst nicht mehr wissen, wo diese einmal waren. Wenn Sie sich bis zur Unkenntlichkeit verbiegen, weil Sie wie bei einer dominierenden Mutter oder einem patriarchalen Vater in einer Familie nur nach deren Regeln und Maßstäben leben sollen, können Sie Ihre Ziele und Aufgaben nicht mehr selbstwirksam erfüllen und verlieren Ihre eigenen Maßstäbe.

Bevormundende Personen nutzen vor allem Momente der Schwäche aus, denn sie möchten ein Umfeld, das sie sich formen können, wie sie es wollen. Deshalb: Setzen Sie mit klarer Ausrichtung Grenzen und behaupten Sie sie auch gegen Widerstand! Erkennen Sie das, was Ihnen wirklich wichtig ist, und verteidigen Sie es. Lernen Sie, Nein zu sagen und schützen Sie sich vor Vereinnahmung.

Der Wachstumsimpuls durch Grenzüberschreitung besteht darin, dass Sie mit einer klaren Haltung zu sich selbst zu stehen lernen. Damit sind Sie glaubwürdig und erfahren Respekt. Sie üben sich darin, ehrlich, verlässlich und fokussiert zu arbeiten und zu sein.

Im Umgang mit Familienoberhäuptern können Sie mutig das unangemessene Verhalten benennen. Sie richten damit Ihre Grenzen auf und geben der anderen Person eine Chance zur Selbstkorrektur. Indem Sie auf unrechtes Verhalten (öffentlich) hinweisen, helfen Sie aktiv mit, dass sich Grenzen nicht immer weiter verschieben, sodass am Ende niemand mehr zwischen Recht und Unrecht unterscheiden kann.

Entwicklung durch die Auseinandersetzung mit einem Star

Erkennen Sie Ihre Sehnsüchte, die Sie verführbar machen, dann fallen Sie nicht so leicht auf das Getue eines Stars herein und laufen nicht jedem Glücksversprechen nach.

Fragen Sie sich, was Sie von anderen erwarten und erhoffen. Soll er oder sie Ihnen den Weg zum beruflichen Erfolg bahnen, ohne dass Sie sich selbst dafür anstrengen müssen? Neigen Sie dazu, andere auf ein Podest zu stellen? Der Wachstumsimpuls besteht hier darin, sich aus einem unreifen Kind-Ich heraus auf die Erwachsenenebene weiterzuentwickeln. Auf dieser Grundlage können Sie ein falsches von einem echten Ich bzw. Selbst unterscheiden. Und Sie werden weniger Enttäuschungen erleben, die ja nur ausdrücken, dass Sie sich selbst täuschen wollten oder es zumindest zuließen, getäuscht zu werden. Überprüfen Sie Ihre Wünsche und Sehnsüchte darauf, ob Sie Illusionen hinterherjagen. Jesus bietet dazu eine andere Haltung an: „Es gibt solche, die jetzt noch zu den Letzten zählen; die werden dann die Ersten sein. Und andere zählen jetzt zu den Ersten, die werden dann die Letzten sein" *(Lk 13,30, Gute Nachricht Bibel 2019, 1130).*

Wer die eigenen Grenzen und die anderer wohlwollend (vor Gott) annimmt, lernt Demut und Mitgefühl (mit sich selbst und anderen).

Entwicklung durch die Auseinandersetzung mit einem Energieräuber

Andere Menschen zu unterstützen, ist eine positive Eigenschaft. Und zwar dann, wenn es sich um eine vorübergehende Situation handelt und Hilfe zur

Selbsthilfe oberstes Gebot ist. Wenn Sie mehr geben, als Sie wollen, und sich vielleicht sogar manipulieren lassen, sollten Sie dem eigenen Anteil an der Situation auf die Spur kommen. Zudem sollte Unterstützung gegenseitig und nicht einseitig gegeben werden. Es kann zeitweise sein, dass eine Person mehr Unterstützung braucht als Sie, aber es sollte danach wieder möglich sein, dass sie auch Ihnen bei Bedarf zuhört und auf Ihre Anliegen eingeht.

Lernen Sie in solchen Fällen, angemessene Unterstützung zu geben und dann weiterzugehen. Die Bedürftigkeit anderer sollte weder zu deren noch zu Ihrer Fessel werden. Wenn Sie hier in falschem Sinne über sich hinauswachsen, vertuschen Sie etwas, das Sie sich selbst nicht ausreichend geben und in zu viel Fürsorge anderen angedeihen lassen. Vielleicht werten Sie sich dadurch auf und erhöhen sich über andere. Die Verantwortung für ihr (Arbeits-)Leben müssen andere selbst übernehmen und Sie schauen auf Ihres.

Entwicklung durch die Auseinandersetzung mit einer Krawallschachtel

In Situationen mit einschüchternden Menschen lernen Sie, sich klarer darüber zu werden, wer Sie sind. Fehlt Ihnen diese Kraft, können Sie über den Glauben mit Ihrem höheren Selbst Kontakt aufnehmen. Hierbei kann Psalm 56,5 helfen: „Ich preise Gott für sein helfendes Wort. Ich vertraue ihm und habe keine Angst. Was könnte ein Mensch mir schon tun?" *(Gute Nachricht Bibel 2019, 529)* Mit dieser Haltung setzen Sie bedrängenden Personen etwas entgegen. Sie können in innerer Geborgenheit ruhen und sich auch bei Anfeindungen und Ungerechtigkeit nicht aus Ihrer Mitte bringen lassen.

Lassen Sie sich in destruktive Spiele nicht verwickeln, bleiben Sie bei sich. Bewältigen Sie Ihre Angst und halten Sie Bedrohungen stand. Das fordert die Situation von Ihnen und hier liegt das persönliche Wachstumspotenzial. Mit der Frage „Was könnte ein Mensch mir schon tun?" bringen Sie sich der Antwort entgegen: wenig, wenn Sie Einschüchterung die Stirn bieten! Wenn Sie über dem Spiel von Bedrängen, Lauern, Tatsachen-Verdrehen und Anfeindungen stehen, dieses weder mitspielen noch selbst anzetteln, können Ihnen niederträchtige Impulse wenig anhaben.

Entwicklung durch die Auseinandersetzung mit einem Kritiker

Abwertungen können eine tiefe Verletzung darstellen, wenn Sie mit Ihrem Selbstwertgefühl nicht im Reinen sind. Das, was Sie in Ihrem Herzen als wichtig und richtig bewegen, gerät durch Abwertung in Unordnung. Überheblichkeit, Misstrauen, Missgunst und Verleumdung stellen sicher die stärksten Stacheln im Arbeitsleben dar.

Hier liegt die Quelle Ihres Selbstwerts und auch Ihr Wachstumsimpuls, wenn Sie nicht auf das Spiel einsteigen und Ihrerseits abwerten, sondern die Oberflächlichkeit und Falschheit solcher Anschuldigungen aufzeigen und entlarven. Übernehmen Sie keinesfalls die Sicht der anderen Person, denn Sie sind nicht Opfer dessen, wer und was Sie umgibt. Halten Sie Ihr Inneres vor schädlichen Haltungen und Gefühlen geschützt und haben Sie ein waches Auge auf abwertende Menschen in Ihrem Arbeitsumfeld.

Entwicklung durch die Auseinandersetzung mit einem Angsthasen

Vermeidendes Verhalten anderer muss Sie eigentlich nur stören, wenn Sie von ihnen abhängig sind, anderenfalls könnten Sie ihnen ihre Schwäche lassen. Im Arbeitsalltag liegt die Herausforderung darin, sich so unabhängig wie möglich von ihnen zu machen. Der Wachstumsimpuls liegt in der eigenen Souveränität. „Jesus geht in der Bergpredigt auch auf ein grundlegendes menschliches Dilemma ein: Wir Menschen können unser Leben in die Hand nehmen; in einem gewissem Maß bestimmt unser Einsatz, welche Ergebnisse wir erzielen. Aber nicht alles, was geschehen wird, liegt innerhalb unserer Kontrolle. [...] Jesus will den Menschen gerade dort in eine Unabhängigkeit führen, wo er den Wechselfällen des Lebens ausgeliefert ist" *(Berger & Bylitza 2019, 139)*. Für Sie persönlich könnte diese Botschaft bedeuten, dass Sie sich der Verantwortung Ihres Arbeitslebens stellen und sich nicht wegducken und bei Herausforderungen passiv bleiben. Machen Sie sich unabhängig, packen Sie Ihre Aufgaben an und treffen Sie erforderliche Entscheidungen.

Entwicklung durch die Auseinandersetzung mit einem Racheengel

Auf eine Kränkung erfolgt eine weitere zur Rache und so reihen sich unschöne Perlen an einer Kette von Situationen aneinander. Jede*r schiebt der anderen Person die Schuld zu wie unter trotzigen Kindern: „Der*die hat aber angefangen!"

Der Wachstumsimpuls kann darin bestehen, dieses Aneinanderreihen unschöner Situationen zu beenden.

Schließen Sie offene Rechnungen, auch wenn Sie sie nicht als vom anderen beglichen ansehen. Was hierbei hilft, ist eine versöhnliche und vergebende Haltung. Glaubende Menschen können besser vergeben, wenn sie sich von Gott grundsätzlich angenommen fühlen, auch mit ihren Schwächen. Umso wohlwollender und verzeihender können sie mit Verfehlungen anderer umgehen und müssen es ihnen nicht heimzahlen. Sie können großzügig sein und dies, ohne sich über die andere Person zu stellen und sie abzuwerten. Das heißt aber nicht, Fehlverhalten gutzuheißen oder zu legitimieren und sich die Dinge schönzureden. Stattdessen sollten Sie sich mit Ihrer Haltung und in Ihren Gefühlen transparent machen und miteinander sprechen. Sie lassen die Entscheidungen, ob sie sich weiter in Destruktivität aufhalten oder wie sie sich davon abwenden will, aber bei der anderen Person.

Entwicklung durch die Auseinandersetzung mit einem Gummimenschen

Da das Harmoniediktat in der Begegnung mit einem Gummimenschen über allem schwebt, könnte der Wachstumsimpuls vor allem darin bestehen, Ihre gesamte Gefühlspalette zu spüren und ernst zu nehmen – auch sogenannte unangenehme Emotionen. Vielleicht verfolgen Sie immer noch das Verhaltensmuster Ihrer Kindheit, dass Sie möglichst unkompliziert und anpassungsfähig sein sollten, und ein Gummimensch spricht Sie darin an? Dann haben Sie vermutlich bis heute weder Ihre ureigene Kraft gespürt noch die persönlichen Sterne, die Ihnen wirklich wichtig sind, vom Himmel gepflückt. Machen Sie sich auf den Weg!

Vom souveränen Umgang mit herausfordernden Führungskräften

Vielen Erzieherinnen und Erziehern macht ihr Beruf Spaß und er erfüllt sie, aber der Umgang mit der Leitung – oder wenn man selbst Leitung ist, mit dem bzw. der nächsten Vorgesetzten – gestaltet sich manchmal schwierig. Wer sich am Arbeitsplatz und im Team wohlfühlt, möchte vielleicht nicht nur wegen eines herausfordernden Chefs oder einer anstrengenden Chefin kündigen, denn manchmal weiß man nicht, ob es auf einer neuen Stelle besser wird. Stattdessen kann man die Hindernisse, die in der Zusammenarbeit mit der vorgesetzten Person auftreten, als Lernerfahrungen für die persönliche Weiterentwicklung nutzen, denn kündigen geht immer noch, wenn die Situation sich gar nicht im eigenen Sinne verbessern lässt.

Gestaltung der Arbeitsbeziehung

Wer mit seiner bzw. seinem Vorgesetzten besser zurechtkommen will, nimmt immerhin 50 % der Gestaltung der Arbeitsbeziehung in die eigene Hand. Auch wenn der Chef oder die Chefin ein schwieriger Mensch ist, liegt es an einem selbst, wie man auf unangenehme Verhaltensweisen reagiert. Wer versucht, zu verstehen, weshalb die Person ist, wie sie ist, hat einen wichtigen Schlüssel zu einem besseren Auskommen am Arbeitsplatz mit schwierigen Vorgesetzten in der Hand. Die eigenen Gefühle und Gedanken zur anderen Person haben immer auch etwas mit uns selbst zu tun und wir können lernen, uns mental und emotional besser aufzustellen.

Wie die vorgesetzte Person auf uns wirkt, hat auch mit dem, womit wir in Resonanz gehen, zu tun. Wir haben vermutlich alle ein Wunschbild von einem guten Chef oder einer guten Chefin: Wir möchten, dass uns Vertrauen und Anerkennung entgegengebracht werden, wir möchten gemäß unserer Fähigkeiten und Talente selbstständig und selbstwirksam tätig sein, und wir möchten in guten Kommunikationsstrukturen und weder in Über- noch Unterforderung motiviert arbeiten.

Kritik an Vorgesetzten?

Es ist nicht leicht, ohne Gefahren Kritik an der vorgesetzten Person zu üben, weshalb dies oft auch nicht geschieht. Es ist ein Teufelskreis: Sie bekommen kein Feedback und machen weiter wie bisher. Sie halten sich womöglich sogar für gut, weil die Korrektur fehlt. Nicht die fachlichen Qualifikationen machen eine vorgesetzte Person zu einer guten Führungskraft, es sind vor allem die sozialen Faktoren im Bereich der kompetenten Selbstführung und emotionalen Intelligenz bei der Leitung von Mitarbeiter*innen. Es ist leider so: An manchen Orten sind Vorgesetzte nur Vorgesetzte und weisen wenige oder gar keine Qualitäten einer guten Führungskraft auf.

Mentales Selbstmanagement

Manche Leitungen „rutschen" in die Rolle irgendwie hinein, aber einige, oder die meisten, bereiten sich gezielt auf diese Entwicklung vor. Wer Führung anstrebt, möchte Macht erlangen und ausüben, und es gibt dabei eine positive Seinsautoriät mit konstruktiver und gelassener Absicht und einen negativen Machtmissbrauch. Ausgeprägte Machtmenschen weiten ihren Einfluss so aus, dass sie andere in ihrer Selbstbestimmung, Gestaltungsfreiheit und manchmal sogar in ihren Rechten einschränken.

Innerhalb der Hierarchie kann eine Führungskraft im ihr gesetzten Rahmen Macht ausüben, und soll es in positiver Weise zur Erfüllung der Zielsetzungen auch. Eine Leitung muss die organisatorische und fachliche Ausrichtung der Kita steuern und auf Erzieherinnen und Erzieher betreffend ihrer Leistungen und ihres Verhaltens am Arbeitsplatz Einfluss nehmen. Hier gibt es allerdings Grenzen und dies dann, wenn die dafür verwendeten Mittel und Wege das Gegenüber nicht respektieren oder in (dessen) grundlegenden Werten verletzen. Klare Führung ist auch und vielleicht gerade durch eine gelingende Anerkennungskultur möglich und wichtig *(vgl. Mannhard 2020e)*.

Strategien, wenn Führungskräfte das Leben schwer machen

Manchmal hilft im Umgang mit einer schwierigen Führungskraft das Wissen, dass die vermeintliche Stärke durch Machtdemonstration die eigentliche Schwäche kaschieren soll. Je stärker die Führungskraft darauf angewiesen ist, alles und jeden kontrollieren zu können, umso größer ist das eigene Ego und umso geringer ist die echte und natürliche Seinsautorität. Vorgesetzte können Erzieherinnen und Erziehern aber nicht nur durch offen aggressiven Machtmissbrauch das Arbeitsleben schwer machen. Auch passiv aggressive Verhaltensmuster können sich, insbesondere durch Führungskräfte ausgeübt, verheerend auswirken.

Wer unter einer schwierigen Führungskraft leidet, scheitert in der Regel mit folgenden **(reaktiven) Verhaltensweisen**:

* Gleiches mit Gleichem vergelten: Damit ist eine Eskalation vorprogrammiert.
* Die Führungskraft erziehen wollen: Erwachsene zu erziehen, ist ein schwieriges Unterfangen und wenn das Gegenüber innerhalb der Hierarchie höher steht, ohnehin aussichtslos.
* Die eine Lösung finden wollen: Das wäre schön, wenn es die gäbe! Im Umgang mit grenzüberschreitenden Vorgesetzten muss man sich alltäglich darauf einstellen, seine Grenzen abzustecken und seinerseits zu versuchen, eine bessere Kooperation zu erwirken.

Stattdessen können Sie sich mit den folgenden **Strategien** mental, und dadurch auch emotional, besser aufstellen:

* Sich auf das Verhalten statt auf die Person beziehen: Wer sich unangemessen verhält und uns verärgert, der wird schnell als doof oder blöd von uns

abgestempelt. Wenn wir den anderen bzw. die andere nicht als Person abwerten, sondern das Verhalten, das uns missfällt, konkretisieren, sehen wir daneben auch Faktoren, die positiv sind. Wir bleiben so am konkreten Detail und schließen nicht aufs Ganze. Pauschalisierung frustrieren und sie führen im Detail auch nicht weiter.

* Die konstruktive Intention beachten: Auch hinter falschem Handeln kann sich eine positive Absicht verbergen, und es hilft, sich diese zu vergegenwärtigen, wenn man sich über etwas aufregt. In der Regel ist das Verhalten einer vorgesetzten Person nicht gegen uns als Mitarbeitende gerichtet, sondern sie handelt in erster Linie für sich selbst. Wenn wir dies beherzigen, nehmen wir die Dinge weniger persönlich und wir entwickeln mehr Gelassenheit.
* Den eigenen Anteil erkennen: Für unsere Gefühle sind wir selbst verantwortlich und bekanntermaßen schaffen unsere Gedanken unsere Gefühle. Das ungünstige Verhalten anderer trifft auf unsere wunden Punkte, wenn wir darauf mit starken negativen Emotionen reagieren. Je besser wir unsere inneren Baustellen kennen und wissen, wo wir empfindlich sind, umso mehr Kontrolle gewinnen wir darüber, wie lange wir uns ärgern, und können stattdessen unsere negativen Gefühle in positives Handeln umsetzen. Ferner erzeugt unsere Reaktion auf unsere vorgesetzte Person wiederum eine bei dieser. Wenn wir bewusst unser Handeln steuern, muss sich ggf. auch unser Gegenüber in seinem Verhalten verändern. Für die Psychohygiene am Arbeitsplatz ist es wichtig, dass wir unsere Gefühle von denen anderer trennen und keine fremden übernehmen.
* Konstruktives Feedback geben: Direkte Kritik an der vorgesetzten Person ist gefährlich, vor allem, wenn diese übermäßig empfindlich ist. Wer schlecht führt, ist meist nicht gerade offen und empfänglich für Kritik. Besser ist, mit Ich-Botschaften eine Rückmeldung auf der Selbstoffenbarungsebene zu geben. Wichtig ist auch das positive Feedback, denn dann lässt sich ein kritisches besser annehmen.
* Die Vertrauensbasis herstellen: Chefinnen und Chefs brauchen Loyalität von ihren Mitarbeiterinnen und Mitarbeitern. Wenn sie nicht wissen, ob sie uns vertrauen können, sind Konflikte durch Machtdemonstrationen an der Tagesordnung. Dabei sollten eine stark subjektive und überdimensionierte Sympathie und Antipathie keine Rolle spielen, denn eine grundsätzliche Vertrauensbasis ist elementar für eine gute Arbeitsbeziehung, die eine Zweckbeziehung darstellt. Wir müssen einander nicht lieben und auch nicht heiraten. Der Arbeitsplatz ist kein Familienleben und auch keine

Freundschaft, sondern ein Vertragsverhältnis. Hier gilt, die vorgesetzte Person in der Hierarchie anzuerkennen – auch wenn sie schlecht führt – und sie nach außen nicht ungünstig aussehen zu lassen. Kooperation ist trotz diese schwieriger Verhaltensweisen innerhalb der Hierarchie wichtig, denn ohne diese schafft man sich meist noch größere Probleme. Wir arbeiten dann gegen- statt miteinander und es ist nicht möglich, schwierige Herausforderungen als Lernchancen wahrzunehmen. Wer bei Problemen auf der Beziehungsebene keine Loyalität zur Chefin oder zum Chef aufbringen kann, sollte sich ein anderes Arbeitsumfeld suchen. Wenn die gemeinsame Chemie so gar nicht stimmt und scheinbar gegensätzliche Charaktere sich mehr abstoßen als anziehen, macht eine Zusammenarbeit auf Dauer keinen Sinn, weil sie zu viel Reibungsverluste auf der Beziehungsebene mit sich bringt.

Den Blick nach vorn richten

Wer im Umgang mit schwierigen Führungskräften Antworten auf die folgenden Fragen findet, kann die **Marschroute in der Zusammenarbeit** beeinflussen:

- Was ist mir in der Zusammenarbeit wichtig? Was will ich für mich erreichen?
- Was sind die Ziele der Führungskraft?
- Gibt es eine gemeinsame Basis oder zumindest einen kleinen gemeinsamen Nenner?
- Was muss ich für mich mindestens verhandeln, damit ich in der Zusammenarbeit trotz der schwierigen Führungskraft zufrieden arbeiten kann?

PRAXISTIPPS

Zum Umgang mit Führungskräften

Meistens stellen Führungskräfte unter Stress ihre Stacheln auf und werden (situativ) zu unangenehmen Zeitgenoss*innen. Auf Führungskräfte bezogen empfehlen sich für Erzieherinnen und Erzieher die folgenden **Verhaltensweisen**:

Familienoberhaupt

1. Höflich Grenzen setzen
2. Konkrete Formulierungen im Hinblick auf die eigenen Ziele und das Finden einer gemeinsamen Basis verwenden

3. Die Führungskraft um Unterstützung bitten

Star
1. Nie direkt oder indirekt signalisieren, was man von seiner Führungskraft hält
2. Tatsachen und Fakten besprechen und, wenn angemessen, Leistungen bewusst anerkennen
3. Anliegen ohne Druck vortragen

Energieräuber
1. Sich auf die Prioritäten des eigenen Aufgabenfeldes konzentrieren
2. Gespräche kurz und sachlich halten sowie Aufträge bzw. Absprachen konkretisieren
3. Sich selbst die Vorgaben setzen, wenn sie von der Führungskraft nicht kommen, und zielgerichtet verfolgen

Krawallschachtel
1. Nicht kuschen, das bestärkt das Gegenüber nur in unangemessenen Verhaltensweisen
2. Klar kommunizieren, Grenzen setzen und bei sich bleiben
3. Bei cholerischen Ausbrüchen das Gespräch abbrechen und zu einem späteren Zeitpunkt abfragen, was die Führungskraft konkret will

Kritiker
1. Konstruktive, sachliche und konkrete Kritik einfordern
2. Die Führungskraft nach Vorschlägen für eine Problemlösung fragen
3. Sich an schlechtem Gerede über Dritte nicht beteiligen

Angsthase
1. Absprachen und Zusagen schriftlich festhalten
2. Die Führungskraft informieren sowie einbeziehen und nicht übergehen
3. Eigene Vorschläge einbringen und verfolgen

Racheengel
1. Aussagen und Handlungen vermeiden, die die Führungskraft in Rolle und Funktion infrage stellen

2. Sich an schlechtem Gerede über die Führungskraft nicht beteiligen
3. Räumliche und wo möglich, auch inhaltliche Distanz schaffen und keine (falschen) Vertraulichkeiten pflegen

Gummimensch

1. Sanft Einfluss ausüben und um klare Aussagen bitten
2. Die eigenen Werte vertreten
3. Differenzen und Konflikte offen ansprechen und dabei lösungsorientiert vorgehen

Typologie der herausfordernden Chefinnen und Chefs

Die Typologie stellt keine wissenschaftliche Abhandlung dar und sie ist betreffend ihrer Überzeichnung mit einem Augenzwinkern zu nehmen, denn selten treten die beschriebenen Aspekte in der Reinform bei Personen auf. Es gibt jedoch gewisse Ausrichtungen und Vorlieben im Verhalten, die man bei Vorgesetzten erkennen kann.

Ms Perfect

PRAXISBEISPIEL

Die Kindergartenleiterin Anna Muster informiert sich bei der Vorgesetzten auf Trägerebene zu Inhalten für die nächste Besprechung mit ihrem Team. Zum Termin kommt die Chefin ohne vorherige Ankündigung in die Kita und meint, dass man die Besprechung auch zusammen leiten könne. Frau Muster fühlt sich überrumpelt und sieht spontan keine Möglichkeit, wie sie der Chefin den Wunsch abschlagen kann.

Eine Woche später wird die Leiterin kritisiert, weil sie eine Absprache mit der Vormerkstelle zu einem Kind getroffen hat. Frau Muster ist der Ansicht, dass das in ihren selbstverantwortlichen Aufgabenbereich gehört, und sagt das auch. Die Chefin stimmt einerseits zu und sagt aber, dass sie dennoch in jede Absprache mit anderen Abteilungen einbezogen werden will. Die Kindergartenleiterin ist zu Recht irritiert, denn die Aussagen der Chefin sind widersprüchlich. Vielleicht aus der inneren Perspektive der Chefin verständlich, da diese als offensichtliche Mikromanagerin nicht delegieren kann, und sie scheint sich für alles bis auf die Leitungsebene in der Kita hinein zuständig und verantwortlich zu fühlen. Ms Perfect hält sich womöglich für das Maß aller Dinge, traut Frau Muster nichts zu und kann vielleicht auch deren Andersartigkeit nicht zulassen. Die Chefin will über alles informiert sein und schreibt viel vor. Wenn die Kindergartenleiterin versteht, dass ihre Chefin vermutlich im Inneren unsicher, an sich zweifelnd und ängstlich ist, vielleicht mit einer Prise Borniertheit und Überheblichkeit, sind die übermäßige Kontrolle und Überwachung dessen, was Frau Muster tut, nachvollziehbar und ggf. leichter zu ertragen. Die Chefin hat womöglich mehr Angst als die Leiterin, weil sie etwaige Fehler persönlich nimmt und nichts mehr fürchtet, als eines Fehlers überführt zu werden. Hinter dem Verhalten von Ms Perfect könnte eine große Angst vor beruflicher und sozialer Ablehnung stecken.

Zum Umgang mit Ms Perfect

Wenn Sie, Ihre Fähigkeiten betreffend, an sich zweifeln, fühlen Sie sich durch das Verhalten der vorgesetzten Person vielleicht mit der Nase auf Ihre Schwäche gestoßen. Durch die kontrollierenden Fragen werden Ihre Unsicherheiten, die ohnehin schon da sind, verstärkt. Ferner fühlen Sie sich durch Ms Perfect womöglich in Ihrer Kompetenz, Selbstständigkeit und Freiheit eingeschränkt. Wer solche Mikromanager und Mikromanagerinnen aktiv und regelmäßig mit kurzen, aber prägnanten Informationen auf dem Laufenden hält, wird vielleicht weniger durch Kontrolle und Fragen genervt. Dabei sollten Sie beachten, was Sie mitteilen, da solche Vorgesetzte gerne jeden Anlass aufgreifen, sich bis ins Detail hinein einzumischen. Sinnvoll ist, die Chefin oder den Chef bei wichtigen Dingen proaktiv anzusprechen, damit diese nicht von Dritten herangetragen werden. Damit schafft man eine gute Vertrauensbasis und erspart sich negative Kritik oder reduziert sie zumindest.

Da Ms Perfect an den eigenen Selbstzweifeln kratzt, ist es wichtig, sich an seine Fähigkeiten und Stärken zu erinnern und diese zu pflegen. Wenn Sie sich selbst Anerkennung geben oder von anderen Menschen bekommen statt von Vorgesetzten, macht Sie das im Beruf unabhängiger. Es ist ohnehin schwer, von Ms Perfect Anerkennung zu bekommen, weil sie sich meist für das Maß der Dinge hält. Liegt auch noch eine narzisstische Komponente bei ihr vor, kann man ihr nie „das Wasser reichen". Mit diesem Wissen kann man den Kontroll- und Perfektionszwang beim anderen lassen und muss ihn nicht auf sich selbst beziehen oder persönlich nehmen.

Krawallschachtel

PRAXISBEISPIEL

Die Kita-Leitung Marianne Wald erschreckt immer wieder mal ihr Team, wenn etwas nicht so läuft, wie sie sich das vorgestellt hat. Sie wird laut und greift Mitarbeiterinnen und Mitarbeiter persönlich an, indem sie ihnen fehlende Motivation oder Kompetenzen unterstellt, an besonders launischen Tagen auch beides. Manchmal entschuldigt sie sich später dafür, aber das Team hat zwischenzeitlich das Vertrauen verloren, dass solche Ausbrüche nicht wieder passieren.
Mit ihrem Verhalten schafft Frau Wald Distanz zu den Mitarbeitenden, vermutlich insbesondere dann, wenn sie selbst unter Stress steht. Sie hört dann nicht mehr zu, weil sie kein Ohr dafür hat, was hinter dem Verhalten eines anderen Menschen steckt, sie greift an und wertet ab. Unter Stress verengt sich nicht nur bei Frau Wald die Wahrnehmung für sich selbst und andere. Wenn die Leitung unter Druck gerät, fühlt sie sich womöglich hilflos und ohnmächtig und kompensiert das, indem sie ihre Mitarbeiterinnen und Mitarbeiter niedermacht. So kann sie für sich selbst und die Umwelt eine Kompetenz vorgeben, die sie eigentlich nicht hat. Ihre größte Sorge ist vermutlich, nicht als Chefin anerkannt zu werden, denn sie weiß schon um ihre Defizite, vor allem im zwischenmenschlichen Bereich der Personalführung. Wahrscheinlich ist Frau Wald eigentlich öfter unzufrieden mit sich selbst, verschiebt das aber nach außen und auf andere.

Zum Umgang mit einer Krawallschachtel

Es dürfte jeder Erzieherin und jedem Erzieher schwerfallen, mit einer Krawallschachtel umzugehen. Die Launen, die einen oftmals unvorbereitet treffen, sind nicht gut auszuhalten, und führen zu einem Vertrauensverlust auf der Ebene der Arbeitsbeziehungen. Wer darauf selbst aggressiv reagiert, potenziert in aller Regel die negativen Emotionen und Verhaltensweisen.
Es grenzt an eine Meisterleistung, aber am besten kommen Sie mit einer Krawallschachtel klar, wenn Sie sich durch solche Übergriffe nicht aus Ihrer inneren Mitte bringen lassen und über genug Selbstbewusstsein verfügen,

diese als Problem der anderen Person und nicht als Ihres anzusehen. Der Vertrauensbruch sollte ernst genommen werden, indem Sie eine gute Distanz halten und wenig oder nichts Persönliches preisgeben. Das könnte andernfalls später für einen Angriff aufgrund irgendeiner Laune gegen Sie verwendet werden. Mit Kritik oder Widerspruch sollten Sie dosiert umgehen, da sonst meist Aggressionen verstärkt werden.

Hilfreich sind mentale Übungen, mit denen Sie solche Verhaltensweisen an sich abprallen lassen können. Diese drücken ja schlichtweg die Unfähigkeit der anderen Person aus und nicht die eigene. Es ist vielleicht weit hergeholt, denn viele Mitarbeiterinnen und Mitarbeiter verlassen Krawallschachteln als Vorgesetzte lieber, als das Verhalten als Lernchance zu nutzen. Die Launen und Aggressionen verstoßen zu sehr gegen das, was wir von einem souveränen und zuverlässigen Chef oder einer verbindlichen und fördernden Chefin erwarten. Wer sich dem aber stellen möchte, wird durch seinen Ärger oder seine Wut auf den Chef oder die Chefin darauf gestoßen, an seiner Selbstsicherheit zu arbeiten. Dann gelingt es, sich innerlich über die Situation zu stellen, vielleicht sogar die innere Kleinheit der vorgesetzten Person zu spüren und sich gut zu fühlen.

Spaßbremse

PRAXISBEISPIEL

Die Sprachförderkraft Verena Meyer kann ihre Tätigkeit zu 50 % im eigenen Büro in der Einrichtung zur konzeptionellen Arbeit und zu 50 % in Projekten mit den Kindern gestalten. Das Tandem-Modell der Stadt sieht vor, dass sie mit dem Leiter der Kita eng zusammenarbeitet. Mit Herrn Brot hat sie von Beginn an Probleme. Er wirkt distanziert und desinteressiert, und wenn sie ihn persönlich sprechen will, hat er keine Zeit. Er kommuniziert mit Frau Meyer fast nur über E-Mails, selbst wenn er in der Einrichtung ist, und nur ein paar Schritte zu ihrem Büro kommen müsste. Außer den Sitzungen mit dem ganzen Team gibt es kaum Gelegenheit, den Leiter zu sprechen, und dies schon gar nicht spontan. Wenn, müssen Gespräche mit längerem Vorlauf terminiert werden. Gibt es diesen seltenen Anlass, wirkt der Leiter zugeknöpft und reserviert.

Herr Brot erscheint unsicher und meidet lieber den direkten Kontakt mit seiner Mitarbeiterin. Er reduziert die Kommunikation und begibt sich dabei ausschließlich auf die Sachebene. Weil er so unsicher ist, verschanzt er sich gern hinter dem schriftlichen Weg, denn dann kann er sich vorher genau überlegen, was er schreiben will, um hinterher nicht angreifbar zu sein. Wer Herr Brot als Mensch und Person eigentlich ist und wie er denkt, gibt er nicht gerne preis, denn es könnte bei anderen nicht gut ankommen, so seine Sorge. Der Leiter hat Angst vor seinen Gefühlen, die den Beziehungsaspekt betreffen, den es auch am Arbeitsplatz immer mit Menschen gibt, und er kann sie nicht einordnen. Das trifft womöglich auch auf seine sonstigen Beziehungen außerhalb der Arbeit zu. Vor allem starke Emotionen wirken beängstigend oder verwirrend, weshalb sie lieber flach und scheinbar neutral gehalten werden. Während die Krawallschachtel ihre Gefühle nicht im Griff hat und angreift, geht Herr Brot als Spaßbremse auf emotionale Distanz und flüchtet in die reine Sachebene der Arbeit.

Zum Umgang mit einer Spaßbremse

Eine distanzierte, karg kommunizierende vorgesetzte Person bringt Erzieherinnen und Erzieher in eine blöde Situation, da sie nie wissen, wie sie sie wirklich erreichen können. Wer als Kind mit einem ablehnenden und zurückweisenden Elternteil konfrontiert war, wird sich auch als Erwachsene*r erst einmal schnell in sein Kind-Ich zurückversetzt fühlen. Es ist nicht leicht, zu erkennen, dass sich die Chefin oder der Chef aus Unsicherheit und eigener Angst vor Ablehnung so verhält. Ein solches Verhalten kann Ärger und Wut auslösen, weil wir das Gefühl haben, ständig gegen eine Wand zu laufen, aber auch Verunsicherung, Frustration und Trauer.

Im besten Fall schauen Sie bei einer Spaßbremse, mit wem Sie ansonsten eine gute wie lebendige Kommunikation und einen qualifizierten Informationsaustausch für Ihre Tätigkeit gestalten können, sodass Sie möglichst wenig von Ihrem Chef oder Ihrer Chefin brauchen, um Ihre Aufgaben gut zu erfüllen. Sie können sich mit Spaßbremsen auf Daten, Zahlen und Fakten beschränken und darauf hoffen, dass Sie mit der Zeit eine vertrauensvolle Arbeitsbeziehung aufbauen können, die eine offenere Kommunikation ermöglicht. Bei Entscheidungen sollten Sie sich mit längerem Vorlauf mit der vorgesetzten Person abstimmen und sie nicht überrumpeln.

Wer emotional distanzierte Elternteile hatte, kann mit Spaßbremsen hervorragend lernen, sich aus dem Kind-Ich zu befreien und einen unabhängigen Weg in der Arbeit zu verfolgen. Das Wissen, dass solche Menschen nur sich selbst schützen und in der Regel nicht gegen einen arbeiten, hilft. Mit Spaßbremsen kann man sich zudem gut in einem effektiven und effizienten Arbeiten üben, da man sich auf das Wesentliche in der Kommunikation konzentriert.

Star

PRAXISBEISPIEL

Die Erzieherin Claudia Meister hat eine neue Leitung bekommen, die halb so alt ist wie sie. Diese möchte nach hundert Tagen die klassische Zielvereinbarung mit dem Team auf den Weg bringen und konzeptionelle Ideen vorgelegt bekommen, wie sich die Kita in der Zukunft ausrichten könnte. Frau Meister bringt ein aus ihrer Sicht ausgereiftes Ideenkonstrukt mit, denn schließlich arbeitet sie schon lang in der Einrichtung, weiß, wo der Schuh drückt und was man verbessern könnte. Ihr Vorschlag wird allerdings lapidar von der Leitung mit den Worten abgebügelt: „Da geht aber noch mehr!" Frau Meister fühlt sich vor den Kopf gestoßen und bittet um Erklärung zu diesem Feedback. Sie ärgert sich, dass die Neue mit deutlich weniger Berufserfahrung ein solch vernichtendes Urteil zu ihrer Arbeit abgibt.

Stars wie diese Leitung findet man häufiger in jüngeren Generationen, die vom Selbstverständnis geprägt sind, dass sie als Macher in dieser Welt alles erreichen können, wenn sie wollen. Manchmal fehlt es an Wertschätzung für ältere Kolleginnen und Kollegen, die schon lange im Beruf tätig sind. Die neue Leitung ist schnell, intelligent und genervt von jeder Person, die länger nachdenkt, bevor sie handelt, weil sie sich durch gemäßigtere und bescheidenere Naturen in ihren Visionen oder in ihrem Tempo ausgebremst fühlt.

Zum Umgang mit einem Star

Wie bei Ms Perfect zweifeln Sie ohne ein gutes Selbstbewusstsein bei Stars als Vorgesetzten vermutlich schneller an sich, und vielleicht sind Sie auf solche Überflieger neidisch? Da sie tatsächlich durch ihr Engagement und ihr positives Selbstverständnis oft erfolgreich sind, stoßen sie uns an unsere Grenzen und an das, was wir vielleicht selbst einmal erreichen wollten, aber bislang nicht umgesetzt haben.

Wenn Sie Eltern hatten, die von Ihnen vor allem Leistung wollten und denen Sie es doch nie recht machen konnten, fühlen Sie sich durch Stars als Vorgesetzte schnell in Ihr verletztes Kind-Ich versetzt. Stars diskutieren gern und scheuen keine Fragen, manchmal auch keine Kritik, wenn sie auf der Sachebene bleibt. Man kann mit ihnen also gut auf der Ebene der Inhalte arbeiten und bei Problemen eine konstruktive Lösungsorientierung an den Tag legen. Sie können sich aber durchaus von Stars als Vorgesetzten mehr Wertschätzung im Hinblick auf Kompetenzen und Andersartigkeit wünschen und spiegeln, wie deren Verhalten bei Ihnen ankommt.

Wir alle haben unsere Komfortzone, aus der wir ein Stück weit heraustreten müssen, wenn wir uns entwickeln wollen. Wir sollten uns gewissen Herausforderungen stellen, um neue Erfahrungen zu sammeln, und wir müssen dazu Risiken eingehen. Wer stets nur das tut, was er schon immer getan hat, verändert nichts. Ohne Veränderung keine Entwicklung! Stars erinnern daran, die Lebensspuren genauer anzusehen, die wir schon gelegt haben, und uns zu überlegen, welche Sterne wir noch vom Himmel pflücken wollen. Das bringt uns zu unseren Träumen, Wünschen und Sehnsüchten, die wir zielorientiert und nach unseren Stärken und Fähigkeiten verfolgen können.

Familienoberhaupt

PRAXISBEISPIEL

Der Erzieher Fritz Werner wird trotz guter Ideen immer wieder von der Kita-Leitung abgebügelt, indem diese ihm zu verstehen gibt, dass seine Anregungen nicht umsetzbar sind. „Das funktioniert nicht, das brauchen wir erst gar nicht zu probieren, das haben wir doch alles vor Jahren schon mal mit mäßigem Erfolg gemacht", scheint ein Lieblingssatz der Leitung zu sein. Will Herr Werner widersprechen und neue Wege aufzeigen, wird die Leitung überheblich und nennt ihn einen gutgläubigen Idealisten. Schließlich mache sie ihren Job nicht erst seit gestern und wisse, was funktioniert und was nicht.

Die Leitung wirkt starrsinnig und sitzt schon lange auf dem Posten, und wenn sie ehrlich zu sich selbst ist, hat sie ein Stück weit im Beruf resigniert. Sie hat im Laufe der Jahre verpasst, sich auf dem aktuellsten

Stand der Entwicklungen zu halten, und spielt stattdessen Dominanz durch die Leitungsfunktion aus. Die fehlenden strategischen, fachlichen und sozialen Kompetenzen werden mit einem mütterlich dominierenden Verhalten auf der Beziehungsebene kompensiert.

Zum Umgang mit einem Familienoberhaupt

Wer als vorgesetzte Person Erzieherinnen und Erzieher aus dem kritischen oder fürsorglichen Eltern-Ich heraus anspricht, zielt automatisch bei ihnen auf deren Kind-Ich ab und das ist in der Regel auch so gewollt. Wer als Familienoberhaupt am Arbeitsplatz auf der Beziehungsebene die Augenhöhe vermissen lässt, verärgert oder frustriert andere Menschen. Ein solches Verhalten widerspricht dem Grundbedürfnis nach Wertschätzung und Anerkennung auf einer partnerschaftlichen und erwachsenen Ebene. Wir wollen am Arbeitsplatz keinen Umgang mit einer Mutti oder einem Papi haben und auch keine Anweisungen, Maßregelungen oder Fürsorge wie in der früheren Herkunftsfamilie erhalten. Wenn Sie eine geklärte Elternbeziehung und ein gesundes Selbstbewusstsein haben, können Sie mit einem Familienoberhaupt als vorgesetzter Person am leichtesten umgehen, weil im heutigen Miteinander keine ungelösten Spannungen aus der früheren Herkunftsfamilie aktiviert werden.

Man kann den häufigen Monologen eines Familienoberhaupts vermeintlich zuhören, aber innerlich auf Durchzug stellen. Viel an fachlicher oder sozialkompetenter Bereicherung dürfte meistens nicht enthalten sein, wenn solche Vorgesetzte nur noch aufgrund ihrer langjährigen Betriebszugehörigkeit auf ihrem Posten sitzen. Wenn man im Kontakt eine Art Beziehungsebene herstellen kann, ist es möglich, dosiert eigene Ideen einzubringen, die die Chefin oder der Chef nicht als Angriff auf die eigene Wertigkeit und Wichtigkeit beurteilt. Damit der Laden läuft, sind Familienoberhäupter auf kompetente Mitarbeiterinnen und Mitarbeiter angewiesen, was ihnen ein Stück weit auch klar ist. Deshalb setzen sie am ehesten auf Kooperation, wenn man ihnen nicht feindlich gegenübersteht.

Wenn Sie eine Metaebene zum Verhalten von Familienoberhäuptern einnehmen können, werden Sie sich manchmal eher amüsieren oder Mitleid für sie entwickeln. Das ist zwar in gewissem Sinn auch ein Über-die-andere-Person-Stellen und nicht auf der sogenannten Augenhöhe, streng genommen. Da Familienoberhäupter aufgrund ihrer jahrelang gefestigten Strukturen und Starrheit so wenig lernfähig, flexibel und häufig im Fach und in den sozialen

Arbeitsbeziehungen betreffend der Personalentwicklung inkompetent sind, hilft jedoch manchmal nichts anderes. Sie trainieren mit solchen Menschen Ihre Fähigkeit, sich innerlich abzugrenzen und Informationen ohne größere Bedeutung an sich abprallen zu lassen. Sie konzentrieren sich stattdessen auf Ihre Stärken und schauen, wie Sie ohne das Familienoberhaupt Ihre Aufgaben erfüllen und mit wem Sie sich vernetzen können, sodass Sie in Ihrer Arbeit dennoch weiterkommen. Vielleicht ermutigen solche Chefinnen und Chefs, selbst eine Führungsposition einzunehmen, weil Sie merken, dass Sie den Job längst besser können.

Ego

PRAXISBEISPIEL

Der Personalleiter einer kleinen Gemeinde ist auch zuständig für die Abteilung der Kindergärten. Anita Sommer hat es als Leiterin einer Kita mit ihm nicht leicht, denn er mischt sich stark in ihr Geschäft ein und er weiß ohne jede Praxiserfahrung in dieser Branche vermeintlich alles besser. Sehr anstrengend sind Gespräche mit ihm, weil er sich verzettelt und gerne lange Monologe hält, auch zu Dingen aus seinem Privatleben, die sie nicht interessieren. Als es um eine Ausschreibung für einen Umweltpreis geht, trägt Frau Sommer ihm die Ideen vor, die sie mit ihrem Team gesammelt hat. Sie möchte wissen, ob sie sich mit ihrer Kita mit diesem Konzept bewerben kann.

Der Personalleiter hält sich zunächst bedeckt und sagt, dass er darüber nachdenken wird. Auf dem Bauernmarkt am Wochenende trifft die Leiterin den Bürgermeister der Gemeinde. Er spricht sie an, dass das ein interessantes Konzept sei, das ihm der Personalleiter zu ihrer Kita vorgelegt hat, und dass er von Frau Sommer erwarte, dass sie den Vorgesetzten bei der Bewerbung für den Umweltpreis für ihre Kita unterstützt. Den Worten des Bürgermeisters nach entnimmt die Kita-Leiterin, dass der Personalleiter ihr Konzept als sein eigenes ausgegeben hat, wohl um vor dem Bürgermeister gut und innovativ dazustehen. Ihr bleibt fast die Luft weg und sie kann sich kaum noch ruhig verabschieden.

Der Personalleiter erscheint intrigant und nutzt offenbar jede Chance, um sich in ein strahlendes Licht zu rücken.

Er schmückt sich mit fremden Federn, missachtet die Arbeit von Frau Sommer und ihrem Team und ist offenbar Mitarbeitenden gegenüber gleichgültig. Im Inneren fühlt sich der Personalleiter vermutlich inkompetent, sonst hätte er ein solches Verhalten nicht nötig. Er weiß um seine Schwächen und wertet sich auf Kosten anderer auf.

Zum Umgang mit einem Ego

Personen mit einem großen Ego verletzen unser grundsätzliches Bedürfnis nach Kooperation und Augenhöhe und sie verstoßen gegen wichtige Werte in einer Gemeinschaft. Das Verhalten solcher Führungskräfte ist gleichgültig, nicht fördernd sowie ungerecht bis intrigant. Je nach früherer Familienkonstellation, z. B. bei starken Geschwisterrivalitäten, fühlt man sich wieder wie als Kind einem Elternteil und jetzt dem egoistischen Vorgesetzten gegenüber ohnmächtig, willkürlich behandelt und ausgeliefert.

Egos zu bekämpfen, bringt uns aller Voraussicht nach in eine Verlierer*innenposition. Wer intrigant ist, ist meistens nicht gerade dumm oder verfügt wenigstens über eine gewisse Bauernschläue. Egos haben sich im Beruf ein gutes Netzwerk aufgebaut und wissen ihre Arbeitsbeziehungen zu nutzen.

Egos können Sie nur überzeugen oder zumindest ruhiger stellen, wenn Sie sie in der Hierarchie unbedingt achten und ihre Seitenhiebe weitgehend ignorieren. Wenn Ihnen recht übel mitgespielt wird, sollten Sie sich auf sachlicher Ebene abgrenzen und auf Ihr Recht pochen. Zu überzeugen, was falsch gelaufen ist, ist meistens verlorene Liebesmühe. Egos sind mit ihrem Verhalten erfolgreich und ändern es nicht, weil sie davon Vorteile haben.

Aus dem Umgang mit Egos etwas für sich selbst zu lernen, ist nicht leicht, denn sie gehören zu den unangenehmsten Chefinnen und Chefs. Am ehesten können Sie sich in Resilienz und Selbstwirksamkeit trainieren und darauf achten, dass Sie möglichst nicht unbedacht ins Schussfeld geraten. Vermutlich halten Sie es mit Egos nicht auf lange Zeit aus, weshalb Sie gut daran tun, an ihnen zu wachsen, um sie eines Tages für eine bessere Stelle zu verlassen.

Chaosqueen

PRAXISBEISPIEL

Ute Klaus möchte aus dem Team heraus stellvertretende Leitung werden und soll für zwei Wochen im Leitungsbüro hospitieren. Der Kita-Leiter ist unsicher, ob er mit ihr auf Leitungsebene zusammenarbeiten will, weil sie nicht gerade gut organisiert und strukturiert ist. Bei der monatlichen Essensabrechnung ordnet Frau Klaus mehrmals Kinder und Beträge falsch zu. Sie vergisst einmal, das Mittagessen rechtzeitig zu bestellen, sodass kurzfristig mit Speisen aus dem Vorrat der Kita selbst gekocht werden muss. Das setzt alle unter Stress, weil der Tagesablauf umgeworfen werden muss, um die personellen Ressourcen bereitzustellen. Bei einer Teambesprechung hat sie ihren Teil gar nicht vorbereitet.

Auch fehlt Ute Klaus für den internen Aufstieg wahrscheinlich die Anerkennung im Team. Die Teammitglieder beschweren sich immer wieder beim Leiter, weil sie situativ vom Tagesablauf abweicht und alles durcheinanderbringt. Zudem kann sie Wichtiges von Unwichtigem nicht unterscheiden.

Als Chaosqueen eignet sie sich kaum für eine Führungsposition, da sie keine Metaebene einnehmen kann. Sie ist unorganisiert, kann nicht priorisieren und schlecht Nein sagen, was nicht nur sie selbst, sondern auch das Team permanent unter Stress setzt. Es fehlt Frau Klaus an einer klaren Linie, womit sie sich auch keinen positiven Respekt erarbeiten kann.

Zum Umgang mit einer Chaosqueen

Es ist schwer, sich von dem permanenten Stress einer Chaosqueen nicht anstecken zu lassen. Wer selbst nicht gerade gut organisiert ist, kann sich innerlich noch weniger sortieren und abgrenzen. Aber auch Erzieherinnen und Erzieher mit einer guten persönlichen Struktur fühlen sich von solchen Vorgesetzten durcheinandergebracht und gestört, weil diese überall hereinplatzen und Unruhe verbreiten oder Kleinigkeiten zu Dramen hochspielen.

Wenn Sie es wollen, können Sie Ihrer Chaosqueen helfen, strukturierter zu werden und Wichtiges von Unwichtigem zu trennen. Sie können mit gezielten Vorschlägen helfen, zu priorisieren, und so mit anpacken. Bekommen Sie in verwirrender Weise von der Chaosqueen viele ungeordnete Informationen, können Sie mit Paraphrasieren wiedergeben, was Sie verstanden haben, und dadurch Gespräche strukturieren.

Sinnvoll ist, in der Zusammenarbeit mit einer Chaosqueen Verabredungen und Ergebnisse zu vereinbaren, und wichtige Inhalte zu protokollieren, damit sie nicht im Sand verlaufen oder bei der nächsten Gelegenheit wegen etwas scheinbar Wichtigerem verworfen werden.

Das oberste Prinzip ist, die innere Abgrenzung vorzunehmen und die Gefühle einer Chaosqueen nicht zu übernehmen. Sie können üben, immer wieder bewusst die Metaebene einzunehmen und bei sich zu bleiben. Wenn nötig, lernen Sie an solchen Vorgesetzten, wie Sie sich selbst besser organisieren und steuern können, und Sie üben sich im Nein-Sagen.

Angsthase

PRAXISBEISPIEL

Der Vorgesetzte der Fachberaterin Annika Kade, der Abteilungsleiter Hans-Werner Schulz, wiegelt in Gesprächen über einen der Kita-Leiter immer wieder ab. Man wisse, dass dieser schon die Vorgängerin von Frau Kade nicht respektiert hat, aber er führe ein so großes Haus, und was solle man tun, wenn er kündigt, weil Kritik an ihm geübt wird?

Frau Kade ärgert sich, denn der Kita-Leiter ist von sich überzeugt und hält wiederholt Absprachen nicht ein, die sie mit ihm getroffen hat. Das, obwohl sie als Fachberaterin zusätzlich disziplinarische Weisungsbefugnisse innehat. Über das Verhalten des Kita-Leiters ärgert sich Herr Schulz allerdings selbst das ein oder andere Mal, denn auch er fühlte sich von ihm schon übergangen.

Der Kita-Leiter ist in fast jedem Jour fixe der Fachberaterin mit dem Abteilungsleiter Thema, aber die Gespräche bleiben ergebnislos, da Frau Kade den Leiter disziplinarisch sanktionieren möchte, Herr Schulz die möglichen Konsequenzen dessen jedoch scheut.

Offenbar mag Herr Schulz keine Konflikte und ist nicht gerade stark darin, Entscheidungen zu treffen, die die Differenzen beenden könnten. Frau Kade fühlt sich von ihm nicht unterstützt, es fehlt an Rückendeckung, was der Kita-Leiter womöglich auch genauso einschätzt und die Fachberaterin nicht weiter ernst nimmt, weil er auch von Seiten des Abteilungsleiters keine ernsthaften Konsequenzen befürchtet.

Herr Schulz scheint voller Ängste und Zweifel und übertrieben harmoniebedürftig zu sein. Er will keinen Streit, er möchte von allen geliebt werden und hat Probleme mit professioneller Distanz. Herr Schulz will es allen recht machen und nach oben gut dastehen, weshalb er lieber nichts als etwas Falsches tut. Doch gerade das Nichtstun wird sich als falsch erweisen.

Zum Umgang mit einem Angsthasen

Von Angsthasen fühlen wir uns im Stich gelassen und wir vertrauen ihnen nur bedingt, da sie uns im Zweifelsfall nicht den Rücken stärken. Es fehlt uns eine klare Linie und ein Rahmen, in dem wir uns sicher bewegen können. Wir haben Mühe, einen Angsthasen als Führungskraft zu respektieren. Wenn Sie eine gute Beziehungsebene zu einer solchen Chefin oder einem solchen Chef haben, können Sie immer wieder aufzeigen, welche Folgen eine fehlende Entscheidung oder Korrektur haben.

Sie können Möglichkeiten skizzieren, wie man ohne Eskalation Konflikte angehen und lösen kann. Sie sollten darauf hinarbeiten, dass ein heißer Konflikt, auch wenn er erst einmal erschrecken mag, besser zu bearbeiten und lösen ist als ein kalter und latenter, der unter dem Teppich vor sich hin modert.

Im besten Fall lassen uns Angsthasen in unserem Bereich selbst Entscheidungen treffen und stellen sich im Zweifelsfall hinter uns. Das können Sie vorab verabreden, und deutlich machen, dass Sie anderenfalls nicht gut arbeiten können und dass notwendige Ergebnisse nicht erzielt und wichtige Veränderungen nicht angegangen werden.

Angsthasen schützen sich selbst und sie arbeiten nicht gegen uns, was leichter zu ertragen ist, wenn wir das verstehen. Sie selbst üben sich in guter Argumentation und in Lösungsorientierung wie in selbstständigem Arbeiten. Durch die Schwäche des bzw. der Vorgesetzten gewinnen Sie an Selbstwirksamkeit und an Stärke.

Gummimensch

PRAXISBEISPIEL

Die Erzieherin Maria Blume arbeitet seit mehreren Wochen in einer neuen Kita. Der Leiter Marius Braun ist ihr etwas suspekt, seit sie mitbekommen hat, dass in der Hauswirtschaft eine ehemalige Freundin von ihm und als Vertretungskraft seine jetzige Frau arbeitet. Mit ihr hat eine weitere Kollegin neu begonnen und als es um eine Fortbildung für neue Teammitglieder geht, stellt sie fest, dass diese in ein schönes Tagungshaus am Bodensee gehen darf, während sie selbst in einem Haus der kleinen Gemeinde der Kita angemeldet wird. Vorsichtig spricht Frau Blume eine andere Kollegin darauf an, die lachend sagt: „Kein Wunder, die andere Neue ist die beste Freundin der Frau von unserem Leiter!"

Herr Braun kann Privatleben und Beruf nicht trennen und ist in seinen Arbeitsbeziehungen emotional verstrickt. Offenbar lässt er sich für Bevorzugung einzelner und Benachteiligung anderer instrumentalisieren. Seine Stellen hat er deshalb so unprofessionell aus nahen Beziehungen aus seinem Privatleben besetzt, um damit seine fachlichen Defizite und fehlende natürliche Autorität als Führungskraft zu kompensieren.

Er möchte mit ihm persönlich nahestehenden Menschen in seinem Team seine Macht verlängern und sichergehen, dass niemand gegen ihn arbeitet, weil die ihm nahestehenden Personen mit ihm unhinterfragt loyal sind, und die anderen kritisch beobachten, ob sie das auch ohne Weiteres unterstützen. Mit einer solchen Verordnung von Harmonie schützt sich Herr Braun vor Kritik und Konflikten.

Zum Umgang mit einem Gummimenschen

Unser Gefühl für Gerechtigkeit ist im Umgang mit einem Gummimenschen empfindlich gestört. Wenn wir Geschwister haben, kann ungleiches Verhalten an unsere Ohnmacht in der Herkunftsfamilie erinnern, wenn Eltern uns als Kinder ungerecht behandelt haben. Vielleicht wurde ein Kind indirekt oder direkt bevorzugt und ein anderes benachteiligt. Im Beruf werden dann unsere Werte von Professionalität, Gerechtigkeit und Kompetenz verletzt. Es dürfte schwierig werden, gegen persönliche Verstrickungen von Gummimenschen am Arbeitsplatz vorzugehen, da diese meistens nicht erst seit gestern vorhanden sind. Weil Gummimenschen die Abhängigkeiten aus persönlichen Beziehungen mit an den Arbeitsplatz nehmen, darf man davon ausgehen, dass auch auf höherer Führungsebene die Vermischungen von nahen Beziehungen mit der Arbeit akzeptiert oder zumindest toleriert werden. Bei emotionalen und personellen Verstrickungen von Gummimenschen als Vorgesetzte können wir nicht viel mehr machen, als zu kooperieren oder wieder aus diesem System auszusteigen. Es kommt hinzu, dass sie ausgesprochen konfliktscheu sind und man die Schwierigkeiten kaum offen thematisieren kann, geschweige denn, dass sie etwas daran verändern.

Da Sie diese privaten Mauscheleien am Arbeitsplatz nicht ändern können, können Sie sich einen Sport für Ihre persönliche Weiterentwicklung daraus machen und auch an Gummimenschen etwas finden, das Sie von ihnen lernen können. Dies kann die Förderung des Selbstbewusstseins, der eigenen Unabhängigkeit oder der eigenen Stärken und Ressourcen sein. So können Sie sich unabhängiger von Ihrem Bedürfnis nach Anerkennung durch die vorgesetzte Person machen.

Sesselkleber

PRAXISBEISPIEL

In der Kita „Lindenstraße" geraten immer wieder die Erzieherinnen aus drei Gruppen in Streit, weil die Übergaben beim Schichtwechsel nicht funktionieren. Obwohl in mehreren Besprechungen dafür Regelungen getroffen wurden, werden sie von Einzelnen nicht eingehalten.

Man könnte nun erwarten, dass die langjährige Leiterin ein Machtwort spricht und Konsequenzen androht, wenn Erzieherinnen ausscheren. Pustekuchen! Diese entzieht sich mit den Worten: „Dieses Theater, ich kann es nicht mehr hören! Macht das unter euch aus."

Die Leitung ist mit ihrem Job überfordert und es fehlt ihr der Überblick, was eine gut organisierte Kita und ein funktionierendes Team braucht. Nur mit kompetenten Erzieherinnen kann sie den Laden am Laufen halten und ihre Defizite kaschieren.

Wenn sie das Gefühl bekommt, jemand ist deutlich kompetenter als sie oder könnte sogar an ihrem Stuhl *sägen, bosst sie die Person aus der Kita. Das gab es in den vergangenen Jahren schon ein paar Mal, wenn einzelne Mitarbeiter*innen eine Klärung der Teamarbeit und Verbesserungen der Qualität der pädagogischen Angebote in der Kita „Lindenstraße" erwirken wollten. Die Leitung hat damals ihre Mitarbeiter*innen gegeneinander ausgespielt, um von ihren eigenen Schwächen abzulenken, sodass diese sich untereinander statt mit ihr gestritten hatten. Auf Trägerebene mangelt es ebenfalls an Führungsklarheit und so fällt die Leitung als inkompetente Vorgesetzte gar nicht weiter auf. Die hohe Fluktuation im Team wird mit der personellen Unsicherheit an allen Orten bei den pädagogischen Fachkräften erklärt.*

Zum Umgang mit einem Sesselkleber

Wir dürften alle mit einem Sesselkleber als Chefin oder Chef unsere Probleme haben, denn er entspricht so gar nicht dem Bild, das wir uns von einer guten und fähigen vorgesetzten Person machen. Unsere Werte Professionalität und Kompetenz werden empfindlich infrage gestellt.

Hier könnte es darum gehen, zu prüfen, ob es realistische Chancen gibt, den Sesselkleber vom Thron zu stürzen, und welche Verbündeten man hätte oder ob man so weit über sich selbst hinauswachsen kann, mit ihm zu kooperieren. Sie sollten Ihre guten Ideen in jedem Fall eine Etage höher anbringen und einen Wechsel, internen Aufstieg oder eine andere externe berufliche Veränderung vorbereiten. Auf Dauer dürfte eine solche Konstellation eine Sackgasse für die eigene berufliche und persönliche Entwicklung werden.

In erster Linie üben Sie sich in Geduld und in einem strategischen Vorgehen, wenn Sie es mit einem Sesselkleber, der kaum fachliche und persönliche Kompetenzen aufweist, als vorgesetzte Person zu tun haben. Wenn Sie echte Chancen sehen, durch eine solche Auseinandersetzung beruflich weiterzukommen, kann es Ihren Sportsgeist wecken, einem Sesselkleber mit einer List und schlau ein Bein zu stellen. Vielleicht haben Sie aber gar kein Interesse an solchen Anstrengungen? Die Chancen sind eher als gering einzuschätzen, sich mit derart inkompetenten vorgesetzten Personen weiterzuentwickeln. Deshalb ist es am besten, sich zu neuen Ufern aufzumachen.

Mobbing und Bossing

Eskalieren Konflikte am Arbeitsplatz, könnten Kolleginnen und Kollegen, aber vor allem die Führungskräfte ihre Macht missbrauchen und mit Mobbing versuchen, eine*n unliebsam gewordene*n Mitarbeiter*in zu vertreiben. Gehen solche Verhaltensweisen von einem Chef oder einer Chefin aus, spricht man von Bossing. Mobbing bezieht sich auf unlautere Vorgehensweisen auf gleichgestellter Ebene unter Kolleg*innen.

Eine einzelne oder wenige unangemessene Verhaltensweisen in einem Konflikt stellen noch kein Mobbing oder Bossing dar. Dafür müssen diese System haben und regelmäßig wiederholt auftreten. Auch der Zeitraum, in dem solche Verhaltensweisen zu beobachten sind, spielt eine Rolle: Ab einer Dauer von über einem halben Jahr spricht man von Mobbing oder Bossing. „Prof. Dr. Harald Edge war als Gutachter bei Rechtsfällen von Mobbing- bzw. Strainingfällen[2] in Italien tätig. Das von ihm entwickelte Parameter-System wird auch für Deutschland empfohlen. Er beschreibt sieben Parameter des Mobbings *(vgl. Edge 2014)*:

[2] **Straining:** Als subtile Form von Mobbing bezeichnet Harald Edge *(2004/2005)* einzelne Handlungen, die einschneidende negative Auswirkungen auf einen Betroffenen haben. Hier gibt es wie bei Mobbing die Absicht, Mitarbeitende anzugreifen und zu destabilisieren. Edge *(2014, 84)* hat vier Phasen des Strainings benannt:

1. Feindselige Handlung
2. Folgen für den Arbeitsplatz, die als dauerhaft erlebt werden
3. Psychophysische Folgen
4. Verlust der Arbeit (Eigen- oder Fremdkündigung)

1. **Ort:** Arbeitsplatz
2. **Häufigkeit:** Feindselige Handlungen müssen mindestens monatlich stattfinden. [...]
3. **Dauer:** mindestens sechs Monate, Ausnahme: Quick-Mobbing (drei Monate)
4. **Art der Handlung:** mindestens eine feindselige Handlung, die eine dauerhafte Veränderung der Arbeitssituation hervorruft (Straining)
5. **Ungleichgewicht:** Täter-Opfer-Ungleichgewicht
6. **Phasen:** Mobbing verläuft nicht statisch, sondern in Phasen.
7. **Verfolgungsabsicht:** Mobbing findet gezielt und nicht zufällig statt." *(Mannhard 2018b, 3).*

Gründe für Bossing

PRAXISBEISPIEL

Die Erzieherin Doro wird in Teamsitzungen immer wieder von der Leitung unterbrochen, während diese die Kolleginnen ausreden lässt. Durch ihre Mimik und Gestik lässt die Leitung keine Zweifel aufkommen, dass sie von den Redebeiträgen Doros nicht allzu viel hält. Vorausgegangen ist ein Konflikt zu einem Projekt, zu dem die Leitung Doro aus deren Sicht pauschal und ohne konkreten Beleg angegriffen und kritisiert hat. Es wurde infrage gestellt, ob Doro überhaupt als Erzieherin geeignet ist.

Letzte Woche wurde Doro von der Fachberatung zum Gespräch gebeten, weil sie anscheinend die konzeptionellen Vorgaben in ihrer Arbeit zu wenig berücksichtige. Die Leitung habe die Fachberatung gebeten, mit ihr ein Kritikgespräch zu ihrer Arbeit zu führen, weil Doro von ihrer direkten Vorgesetzten keine Kritik annehmen würde, hieß es dort. Doro ist empört, denn einen derartigen Versuch eines Gesprächs unter vier Augen mit ihr hat es nie gegeben. Inhaltlich ist sie der Meinung, dass die Vorwürfe keine sachliche Grundlage haben, und sowohl auf kollegialer Ebene als auch von Kindern und Eltern erhält sie positive Rückmeldungen zu ihrer Arbeit.

Weshalb verhält sich eine Leitung in einer solchen Weise? Meist sind es persönliche Gründe, wie Überforderung und eine Unfähigkeit, Konflikte konstruktiv auszutragen, oder es spielen subjektive Motive wie Neid und Eifersucht eine Rolle. Wenn sich der unangemessene Führungsstil in den oberen Ebenen fortsetzt, kann das negative Verhalten auf der mittleren und unteren Führungsebene befördert werden. Wenn es auf Trägerebene weder Aufklärung und Hilfestellungen noch Prävention bei Mobbing und Bossing gibt, kann man vermuten, dass sich dort bislang nicht mit dem Thema auseinandergesetzt wurde, obwohl es nach wissenschaftlichen Erhebungen im Sozialwesen sogar stark ausgeprägt sein dürfte.

Handlungsmöglichkeiten bei Bossing

Was kann Doro nun tun? Wäre das unangemessene Verhalten der Leitung nicht schon so weit fortgeschritten und auf weitere Ebenen übertragen worden, wäre der erste Schritt ein klärendes Gespräch. Manchmal werden Verhaltensweisen vorschnell als Mobbing oder Bossing eingestuft, die jedoch vielmehr Ausdruck eines Konflikts oder ein Missverständnis sind.

In diesem Fall gibt es jedoch klare Signale für ein systematisches und kein einzelnes oder zufälliges Vorgehen der Leitung. Es besteht in pauschaler, unsachlicher Kritik und persönlichen Angriffen, es gibt Unterstellungen bis zur Verleumdung auf Trägervertretungsebene, es gibt eine falsche Fehleranlastung, abfällige Äußerungen und unsachliche pauschale Andeutungen, ohne Konkretisierungen vorzunehmen, anhand derer Doro sich äußern und ihre Sicht der Dinge und ggf. Belege ihrer guten Arbeit einbringen könnte. In Teamsitzungen wird sie in ihrer Meinungsäußerung eingeschränkt und gegenüber Kolleginnen benachteiligt.

Man kann vermuten, dass die Leitung Doro zu keinem Zeitpunkt ein klärendes Gespräch angeboten und somit die direkte und persönliche Kommunikation verweigert hat, wenn sie dem Kontakt unter vier Augen ausweicht und stattdessen das Team und die Fachberatung benutzt, um ihren Konflikt mit Doro zu verdeutlichen. Hier gibt es also nur den Weg, dass Doro sich an die höhere Trägerebene, über die Fachberatung hinaus, wendet und um Klärung und Hilfe bittet. Sieht sie sich dort ebenfalls nicht in einem vertrauensvollen Umfeld, sollte sie sich an eine externe Beratungsstelle für Mobbing wenden oder, wenn der Arbeitgeber ein größerer ist, an dortige Abteilungen. Die einzelnen Vorkommnisse sollte sie konkret dokumentieren, dies mit den Auswirkungen auf ihr Wohlbefinden am Arbeitsplatz und, wenn möglich, schriftliche Belege oder Zeugen aufführen.

PRAXISTIPP

Führungskräfte auf Trägerebene, Leitungen und pädagogische Teams sollten für Mobbing und Bossing sensibilisiert werden, um präventiv vorzugehen. Es sollte allen bekannt sein, was keine normalen Verhaltensweisen in einem Konflikt, sondern Benachteiligungen und Schikanen sind. Dies kann in Schulungen und Schriften geschehen, bei denen auch Ansprechpersonen für Betroffene benannt werden. Die Träger sollten Leitlinien zum Umgang mit Mobbing und Bossing erarbeitet haben, die aber nicht nur auf dem Papier stehen, sondern im Arbeitsalltag eingehalten und umgesetzt werden. Eine entsprechende Kontrolle der Führungskräfte gehört zu einem qualifizierten Umgang mit Mobbing und Bossing am Arbeitsplatz.

Vom souveränen Umgang mit herausfordernden Kolleginnen und Kollegen

Wann geraten wir auf kollegialer Ebene in Schwierigkeiten? Meist dann, wenn wir nicht genügend informiert, gehört und wahrgenommen werden. Auf einer gesteigerten Ebene können wir uns hintergangen, belogen, herabgesetzt oder getäuscht fühlen. Konflikte lassen sich in der Regel nicht auf die Weise lösen, auf die sie entstanden sind, es erfordert eine Umkehr. Wenn jede Partei ihre Interessen und Meinungen als einzig richtige ansieht, kann keine vertrauensvolle Zusammenarbeit auch im Konflikt entstehen und bewahrt werden. Jede Erzieherin und jeder Erzieher hat aufgrund seiner persönlichen und beruflichen Biografie berechtigte Beweggründe, aus denen Konflikte resultieren können, und die es sich lohnt, gegenseitig in Augenschein zu nehmen *(vgl. Mannhard 2018a und 2021, jeweils das gesamte Buch)*. Dies muss unbedingt in einer fairen und offenen Kommunikation geschehen, bei der sich jeder wahr- und ernst genommen fühlen kann. Sturheit und das Bestehen auf irgendwelchen Prinzipien schaden einer Konfliktlösung am meisten – und der Versuch, aus Ärger nur auf die Vergangenheit zu blicken. Stattdessen sollte man gemeinsam lösungsorientiert nach vorne schauen.

Auf die Beziehungsebene kommt es an

Ein Irrtum ist, die Sachebene über die Beziehungsebene zu stellen, wenn es um Letztere jedoch geht. Aber auch die Beziehungsebene lässt sich sachlich besprechen und klären, dazu benötigt es keine emotionalen Dramen. Jede einzelne Erzieherin und jeder einzelne Erzieher hat die Macht, einen Konflikt auch wieder beizulegen oder stattdessen fortzuführen oder sogar zu eskalieren. Der Konfliktlösung entgegen stehen Sprachlosigkeit, anhaltende und ungeklärte Missverständnisse, Vorurteile, Rückzug und Resignation. Stattdessen sollte erklärtes Ziel sein, an einer guten und tragfähigen Lösung für alle mitzuarbeiten.

Gute Streitkultur

Lara Pieper war 2017 eine jugendliche Streitschlichterin an der Stadtteilschule Hamburg-Fischbek und macht es den Erwachsenen mit ihren **Tipps zu einer konstruktiven Streitkultur** vor:
„Was schadet in einem Streit am meisten?
Wenn sich andere Kinder einmischen - dann wird es nur schwieriger.
Wie lautet deine persönliche Leitlinie?
Zum guten Streiten gehört auch ein bisschen Mut, weil man sich auf den anderen einlassen muss.
Welchen Rat gibst du Streitenden?
Man sollte miteinander reden, nicht übereinander - und sich gegenseitig gut zuhören" *(Pieper in GEO Wissen 2017, Nr. 59, 16).*

Nervensägen im Team

Es ist eine Herausforderung, aber auch mit Nervensägen lässt sich eine produktive Zusammenarbeit finden. Wenn Erzieherinnen und Erzieher verstehen, weshalb sie von manchen Kollegen und Kolleginnen genervt sind und von anderen nicht, werden sie Wege in der Zusammenarbeit fern von Kampf, Machtspielen und Manipulationen finden. Wir verschwenden im Job einige Zeit und Energie, wenn Machtkämpfe, unfaire Spielchen und schlechte Teamarbeit an der Tagesordnung sind.

Die Kita-Arbeit hat sich in den letzten Jahren stark verändert, und die Belastbarkeit von Erzieherinnen und Erziehern wird zunehmend auf die Probe gestellt. So kommt es zu immer längeren Öffnungszeiten von Kindertageseinrichtungen, zu einer immer wichtiger werdenden Kommunikation und Kooperation durch Schichtdienst und offene Konzepte und auch zu einem höheren Anspruch von Eltern und Gesellschaft an die Bildungsarbeit. Hinzu kommt eine stärkere Bürokratisierung der Arbeit mit gestiegenen Dokumentationspflichten. Um den Auftrag gut erfüllen zu können, benötigen pädagogische Fachkräfte gesteigerte organisatorische und soziale Kompetenzen, wie Kooperationsfähigkeit. Nicht alle sind damit bestens ausgestattet und entsprechende Schwächen lassen sich an schwierigen Verhaltensmustern erkennen.

PRAXISBEISPIEL

Florian ärgert sich über seine Kollegin Andrea, weil sie immer wieder während der Arbeit auf ihrem Handy herumtippt. Es ist im Team abgesprochen, dass das Handy während der Dienstzeit ausgeschaltet ist. Weil er Andrea schon öfter darauf hingewiesen hat, wird er jetzt so richtig sauer und sagt ihr, dass er das Verhalten der Leitung meldet, wenn die Kollegin es in der Zukunft nicht unterlässt.

Seinen Frust baut Florian in der Pause mit Schokolade ab, die als Nervennahrung für alle in der Küche steht. Auf dem Weg aus der Küche hinaus kommt er an der angelehnten Tür des Personalzimmers vorbei und hört, dass Andrea mit einer anderen Kollegin über ihn lästert. Sie sagt zu ihr: „Der Florian wird auch immer fetter. Ich glaube, der frisst die ganze Schokolade aus unserer Notfallkiste allein!" Die Kollegin und Andrea lachen hämisch.

Viele Erzieherinnen und Erzieher dürften schon einmal solche oder ähnliche Spielchen am Arbeitsplatz erlebt haben. Manchmal sind sie harmlos, manchmal aber auch von ausgeprägter Gehässigkeit durchzogen. Das Leitbild einer Kita, der Führungsstil und die Werte in der kollegialen Zusammenarbeit, auf die man sich verständigt hat, geben Aufschluss darüber, ob es sich um gelegentlichen und harmlosen „menschlichen" Frustabbau handelt oder um destruktive, vielleicht sogar chronische Verhaltensweisen. Wichtig ist, dass wir die Spielregeln der anderen kennen und einschätzen und auch unsere eigenen selbstreflexiv betrachten. Wenn wir davon überzeugt sind, alles richtig zu machen, und die anderen alles falsch, wird es für eine gemeinsame Basis vor allem im Konflikt schwierig.

PRAXISBEISPIEL

Carsten und Hugo kommen aus verschiedenen Einrichtungen in eine neue Kita, und arbeiten in der Nachmittagsbetreuung gruppenübergreifend zusammen. Carsten hatte zuvor eine Leitung als Vorgesetzte, die von ihm erwartet hat, dass er sehr selbstständig arbeitet und in seinem Bereich eigene Entscheidungen trifft. Bei Hugo war das genaue Gegenteil der Fall. In seiner ehemaligen Kita galt das ungeschriebene Gesetz: „Triff keine eigenen Entscheidungen, sonst wirst du bei einem Fehler hart bestraft! Frage bei jeder Kleinigkeit lieber vorher nach." Hier stehen die Chancen hoch, dass die beiden in der täglichen Zusammenarbeit bald in Konflikte geraten, wenn sie sich über ihre unterschiedliche Prägung und die daraus resultierenden Spielregeln nicht verständigen.

Gestiegene Herausforderungen im Kita-Team

Die **Veränderungen und gestiegenen Anforderungen in der Kindertagesbetreuung** stellen die Teamarbeit einer Kita vor die folgenden Herausforderungen:

1. **Unbeständigkeit:** (Schnelle) Änderungen in den Anforderungen (z. B. nach weiteren Angeboten oder neuen Gruppenstrukturen) beschleunigen die Prozesse einer Kita. Hinzu kommt eine gesteigerte Fluktuation bei den Fachkräften, sodass sich die Zusammensetzung von Teams immer wieder ändert.
2. **Unsicherheit:** Die gerade genannten Veränderungen können verunsichern, vor allem wenn sie in kurzer Zeit erwartet werden. Erzieherinnen und Erzieher können sich nicht mehr längerfristig auf ihr Arbeitsumfeld, ihre Aufgaben und die Art der Zusammenarbeit einstellen und verlassen.
3. **Komplexität:** Die Aufgaben von Erzieherinnen und Erziehern werden nicht nur stets komplexer, sondern auch mehr, meist ohne dass beim Hinzukommen neuer Aufgaben andere wegfallen. Manchmal ist es nicht mehr möglich, die Aufgaben bis ins Detail zu durchdringen und zu verstehen. Entscheidungen zu treffen, fällt auf einer unsicheren Basis schwerer.
4. **Mehrdeutigkeit:** Die Menge und Komplexität der Aufgaben erfordert eine gesteigerte Kommunikation und Kooperation sowie eine gute Übergabe an Schnittstellen eines Teams. Oft fehlt die Zeit, die Arbeit zu strukturieren und zu planen. Erzieherinnen und Erzieher sind immer weniger Gestaltende, sondern fühlen sich von ihrer Tätigkeit und den Rahmenbedingungen gestaltet und erleben zeitweise eine geringe Selbstwirksamkeit.

Unter den genannten Aspekten wird die **Gestaltung der Arbeitsbeziehungen** immer wichtiger. Wenn die Zusammenarbeit im Team kollegial und gut verläuft, können Erzieherinnen und Erzieher flexibler und ausgeglichener mit Veränderungen umgehen. Deshalb lohnt es sich, auch mit Nervensägen unter Kolleginnen und Kollegen in eine bessere Zusammenarbeit zu investieren. Die **Vorteile** liegen auf der Hand:

* Die Arbeitsbeziehungen werden besser.
* Es gibt mehr Spaß und Freude an der Arbeit.
* Kreativität und Lösungsorientierung sind möglich.
* Die Qualität und Produktivität wird gesteigert.

Hinderliche Denkweisen für eine gute Zusammenarbeit sind:

* Nur der*die Stärkere überlebt hier!
* Hier gelten meine Regeln!
* Die anderen sind von Natur aus doof!
* Der oder die andere muss sich ändern!

PRAXISTIPP

Wenn Sie die Zusammenarbeit mit anstrengenden Kolleginnen und Kollegen verbessern wollen, ist der erste Schritt, dass Sie sich darüber bewusst werden, welches Verhalten aus welchem Grund in Ihnen unangenehme Gefühle auslöst. Darüber können Sie mit der anderen Person offen ins Gespräch gehen. Statt sie anzuklagen, zeigen Sie etwas von sich. Durch gegenseitige Wahrnehmung und Offenheit bleibt die grundsätzliche Wertschätzung erhalten.

Die Verletzung unserer Werte löst in der Regel Gefühle der Trauer, Angst oder Wut aus. Hingegen wurden unsere Werte erfüllt, wenn wir Zuneigung, Freude und Liebe im Miteinander erleben.

PRAXISÜBUNG

Meine Top Five der Werte

Wenn Sie sich über Kollegen und Kolleginnen ärgern oder Sie sich von einem Verhalten gekränkt fühlen, wurden vermutlich wichtige Werte verletzt. Statt dagegenzuschießen, sich zurückzuziehen oder sich zu rächen und damit vermutlich die Kränkung zu vertiefen, lohnt es sich, zu hinterfragen, welcher Wert betroffen ist, und dazu, wie im obenstehenden Praxistipp beschrieben, miteinander ins Gespräch zu gehen. Welche fünf Werte sind Ihnen im Arbeitsleben am wichtigsten?

Beobachtung und Bewertung

Einander in einem Team konstruktives Feedback zu geben, ist die Schlüsselqualifikation zu einer guten und fairen Kommunikation. Wir sollten uns verdeutlichen, dass wir alle Vorurteile und Bewertungen hegen, und mit diesen bewusst umzugehen, ermöglicht ein offeneres Miteinander. Wir stecken einander anderenfalls in Schubladen und behandeln andere so, als wären sie so, wie wir sie sehen *(vgl. Fischedick 2018, 151 ff).*

Wir bewerten ständig und letzten Endes müssen wir das auch, um Situationen für uns einzuordnen. Bewerten wir aber zu schnell und wollen ein zügiges Urteil fällen, sehen wir die Dinge vielleicht nicht immer so, wie sie sind oder zumindest von anderen beabsichtigt waren. Wir stülpen zu schnell unser Urteil darüber, ohne einen offenen Austausch vorangestellt zu haben, bevor wir zu einer Bewertung gelangen.

Wenn Erzieherinnen und Erzieher sich ihrer Bewertungen bewusst sind, können sie einen Gang zurückschalten und versuchen, eine Situation erst einmal zu beobachten, bevor sie sie beurteilen.

PRAXISÜBUNG

Selbsttest: Beobachtung oder Bewertung?

Schreiben Sie hinter die folgenden Aussagen, ob sie die Aussage für eine Beobachtung (X) oder eine Bewertung (Y) halten.

***

a) Sabine kam gestern zehn Minuten zu spät zur Arbeit.

b) Anna trinkt morgens eine Tasse Grüntee.

c) Werner ist in der letzten Zeit unzuverlässig.

d) Monika kommt mit dem Fahrrad zur Arbeit.

e) Die Leitung arbeitet schon lange für den Träger.

f) Carlo sieht immer flott aus.

g) Veronika hat in der Besprechung heute mehr gesprochen als Claudia.

h) James greift bei seinen Angeboten immer die Interessen der Kinder auf.

i) Die Hauswirtschaftskraft ist nicht engagiert.

j) Leo spricht gern viel.

k) Die Leitung führt die Kita professionell.

l) Die Eltern haben drei Vorschläge zur Abstimmung gebracht.

Die Auflösung des Selbsttests finden Sie auf S. 86.

Ergänzender Hinweis: Auch hinter Begriffen wie „viel", „mehr", „engagiert", „professionell" usw. stecken Bewertungen, da sie unsere subjektive Einschätzung wiedergeben, die sich von der Beurteilung anderer unterscheiden kann. Wenn zum Beispiel Leo aus unserer Sicht viel redet, könnte es sein, dass jemand anderer dieses Maß als „normal" und nicht (zu) viel ansieht.

Konstruktiv denken und handeln

Wenn Erzieherinnen und Erzieher in (schwierigen) Gesprächen Beobachtungen von Bewertungen zunächst trennen, bereiten sie den Boden für ein konstruktives Feedback. Statt zu sagen, dass eine Kollegin oder ein Kollege sich zu wenig in die Zusammenarbeit einbringt, können Sie das konkretisieren, was Sie beobachtet haben, z. B.: „Du hast heute in der Besprechung kein Wort gesagt."

Der Autor Mathias Fischedick empfiehlt für ein **konstruktives Feedback** die ausschließliche Verwendung von Ich-Botschaften:

„**1.** Ich habe wahrgenommen/nehme wahr ... [...]
2. Ich fühle ... [...]
3. ... weil ich wichtig finde ... [...]
4. ... und ich befürchte, dass ... [...]
5. Deshalb bitte ich dich ..." *(Fischedick 2018, 162/163).*

Der **Umgang mit Fragen** ist für eine offene und faire Kommunikation wichtig. Die Tatsache, dass wir fragen, zeigt, dass wir anderen offen begegnen und sie verstehen wollen, anstatt Gedanken zu lesen und unser Urteil aufgrund unserer Bewertungen zu bilden. Folgende Stile bei Fragen sind jedoch kontraproduktiv:

1. Fragen im Stil eines Verhörs und nicht eines Gesprächs zu stellen und aus- bzw. abzufragen.
2. Die Haltung einer bewertenden und beurteilenden Person einzunehmen, die die Antworten sofort (in ihrem Sinne) einordnet.
3. Manipulierende Fragen zu stellen, mit denen man den anderen in eine gewünschte Richtung drängen will.
4. Den Lehrer bzw. die Lehrerin spielen, indem auf die Antworten auf Fragen Belehrungen oder (unerwünschte) Ratschläge folgen.
5. Den Therapeuten bzw. die Therapeutin spielen, indem man mit Fragen die andere Person analysiert und ihr seine Welt erklärt.

Interessiertes Miteinander

Als ideale Haltung betrachtet Mathias Fischedick die „interessierten Kolleg*innen". Diese fragen aus wirklichem Interesse, wollen die andere Person verstehen, sind sich bewusst, dass die eigene Weltsicht nicht die einzig mögliche ist und dass es nicht nur einen richtigen Weg in der Zusammenarbeit gibt. Sie sind mit Fragen unvoreingenommen, lassen der anderen Person Zeit, eigene Antworten zu finden und zu sagen, und fragen nach, wenn sie etwas nicht verstanden haben *(vgl. Fischedick 2018, 179)*.

PRAXISÜBUNG

Das weiße Blatt

„Wir alle legen über unsere Kollegen mentale Akten an. Die Mitstreiter, die wir mögen, haben viele positive Einträge [...], manche davon sind sogar mit Herzchen, Blümchen und Smileys verziert. Die Kollegen, die uns gehörig auf die Nerven gehen, haben auch eine dicke Akte bei uns [...]. Als Verzierung wählen wir dann gerne Dolche, Bomben oder Totenköpfe.

Wenn Sie sich wirklich für die Sicht eines Kollegen interessieren wollen [...], sind diese Archiveinträge hinderlich. [...]

Deshalb mein Tipp: Schließen Sie Ihre selbst angelegten Archivdokumente bei jeglichem Gespräch, in dem es darum gehen soll, die Spielregeln eines anderen zu verstehen. Legen Sie ein leeres weißes Blatt auf Ihren geistigen Schreibtisch und notieren Sie dort wirklich nur das, was der Kollege Ihnen sagt. Wann immer Ihnen etwas nicht klar ist, interpretieren Sie nicht selbst, sondern fragen Sie nach" *(Fischedick 2018, 184)*.

Konflikte und Lösungen

Es gibt kein Arbeitsleben ohne Interessenskonflikte mit unseren Mitstreitenden und dann haben wir die Wahl: Wir wollen uns rücksichtslos durchsetzen, wir manipulieren andere, wir weichen einer Auseinandersetzung aus, wir verfallen in Schweigen oder wir verhandeln. Mit Verhandlungskompetenzen erreichen wir meist keine Lösung, die unseren Interessen voll entspricht, aber zumindest eine, die weitgehend zufrieden macht und den Konflikt beilegt *(vgl. Mannhard 2020d)*. Mit einer solchen Haltung erkennen Erzieherinnen und Erzieher an, dass sie die Ziele im Arbeitsleben nicht alleine, sondern gemeinsam am besten erreichen.

Ursachen für Konflikte

Auseinandersetzungen zum pädagogischen Profil und Konzept der Kita sowie zur Gestaltung und Erfüllung der täglichen Aufgaben sind normal und wenn sie konstruktiv geführt werden, im Sinne der Qualitätsentwicklung der Einrichtung durch Diversität, bereichernd. **Interessenskonflikte** treten häufiger zu folgenden Punkten auf:

* Aufstellen und Einhalten von Regeln
* Erziehungs- und Bildungsfragen
* Art und Weise von Sanktionen
* Verhaltensunterschiede im Umgang mit Kindern und Eltern
* Aufgabenverteilung und Verteilung von Zuständigkeiten, Kompetenzen und Ressourcen
* Loyalität und Solidarität
* Konsequenz und Toleranz
* Ziele, Wege und Werte

Konflikte am Arbeitsplatz lassen sich in zwei Kategorien unterteilen:

1. **Sach- und Prozesskonflikte**, wie z. B. eine unterschiedliche Beurteilung von Rahmenbedingungen der Tätigkeit, und
2. **Beziehungskonflikte**, z. B. bei scheinbaren Unvereinbarkeiten auf persönlicher Ebene.

Bei ähnlichen Auffassungen gibt es deutlich weniger Konflikte, bei stärker voneinander abweichenden deutlich mehr. Die Arbeitsbeziehungen lassen sich durch eine größere Ähnlichkeit harmonischer und zufriedener gestalten.

Man muss allerdings berücksichtigen, dass bei zu viel Übereinstimmung und zu wenig Differenzen die Qualitätsentwicklung leiden kann, die durch eine konstruktive Reibung und durch Veränderungen befördert wird. Damit sind Auseinandersetzungen und Interessenskonflikte nicht grundsätzlich schlecht, sondern können, angemessen ausgetragen, die Arbeit und handelnden Personen voranbringen.

Sind Dissonanzen jedoch an der Tagesordnung und häufen sie sich, sind sie mit Risiken und Nebenwirkungen verbunden. Kinder reagieren auf zu wenig Übereinstimmung und auf Disharmonie unter Erwachsenen, sie werden angespannt und gestresst und auf Dauer sogar unglücklich. Gleichzeitig reagieren Erzieherinnen und Erzieher bei zu viel Spannung und Reibung ihrerseits gestresst und zunehmend gereizt und haben vielleicht das Gefühl, dass ihnen die Kontrolle über die Auseinandersetzungen entgleitet. Damit geraten sie aus ihrer inneren Balance und erleben weniger Selbstwirksamkeit, Erfolge und Zufriedenheit am Arbeitsplatz. Es empfiehlt sich also immer, stärkeren Dissonanzen oder gar Eskalationen vorzubeugen, denn diese haben mehr Nachteile als Vorteile. Sie mindern das Wohlbefinden, die Motivation, die Gesundheit und die Leistung.

Das zeichnet eine gelungene Einigung aus

Eine gelungene Einigung bei Interessenskonflikten berücksichtigt die wahren Beweggründe, Hoffnungen und Ängste aller Beteiligten. Es geht darum, sich selbst und das Gegenüber besser zu verstehen, und andere nicht als Feinde, sondern als Kooperationspartner*innen zu betrachten. Im besten Sinne werden sie durch eine gelungene Konfliktbewältigung sogar zu Verbündeten, die uns Dinge zu uns selbst und unseren wahren Motiven aufzeigen, die bislang im Verborgenen waren und mit denen wir uns persönlich und beruflich weiterentwickeln können. Es ist wichtig, dass wir Konflikten mit einer Offenheit begegnen, auf Manipulationen anderer Menschen verzichten und zeitweise Dissonanzen aushalten.

Aufgaben der Führungskraft

Doch nicht nur Erzieherinnen und Erzieher sind in der Pflicht, Dissonanzen zielgerichtet und konstruktiv zu beeinflussen, sondern auch die Leitung und der Träger bzw. Arbeitgeber. Wenn die dort handelnden Personen denken, diese werden sich schon irgendwie zurechtruckeln, machen sie sich zu wenig

Gedanken. Wie geführt wird, entscheidet darüber, wie die Konfliktkultur im Team gelebt wird. Wo stärker hierarchisch geführt wird, kommt es seltener zu offenen Auseinandersetzungen und Konflikte werden indirekt ausgetragen. Das kann bis zu Blockaden und Intrigen untereinander führen.
Es werden Dissonanzen für Tratsch und schlechte Rede benutzt, um andere abzuwerten. Partizipation und eine kooperative Teamführung hingegen ermöglicht eine offene Austragung von Dissonanzen und man kommt schneller über einen kontroversen Diskurs zur Problemlösung.

PRAXISÜBUNG

Wie gehen Sie mit Dissonanzen am Arbeitsplatz um?

Kreuzen Sie die folgenden Aussagen an, mit denen Sie übereinstimmen.

***

- ○ Bei Konflikten im Team versuche ich, das größere Ganze zu sehen.
- ○ Wenn ich an Konflikten beteiligt bin, stelle ich mich ihnen und weiche nicht aus.
- ○ Ich versuche, einen konstruktiven und aktiven Einfluss zur Beilegung von Konflikten auszuüben.
- ○ Ich verfolge meine Ziele und versuche gleichermaßen, die Ziele anderer zu verstehen und anzuerkennen.
- ○ An destruktiv geführten Auseinandersetzungen beteilige ich mich nicht.
- ○ Ich schlage bei heftigen Dissonanzen das Hinzuziehen einer (externen) Beratung vor.
- ○ Ich orientiere mich in einem Konflikt an den Fakten gleichermaßen wie an den Gefühlen.
- ○ Ich bringe mein Fachwissen und meine Berufserfahrung in einen kritischen Diskurs ein, ohne andere zu bevormunden oder zu überfahren.

- ○ Ich versuche, den Gründen für Meinungsverschiedenheiten auf die Spur zu kommen und eine gemeinsame, dennoch überein-stimmende Basis zu finden.
- ○ Ich arbeite meinerseits so lange an einer Lösung mit, dass niemand den Eindruck hat, als gewinnende oder verlierende Person aus einem Konflikt herauszugehen, sondern dass in etwa Zufriedenheit bei allen Beteiligten besteht.
- ○ Ich kann auch einmal damit leben, dass ein Konflikt nicht nach meinen Interessen entschieden wird. Wer weiß, wofür es gut ist?

✱ Auswertung ✱

Je mehr Kreuze Sie gesetzt haben, umso besser und erfolgreicher können Sie mit Dissonanzen am Arbeitsplatz umgehen.

PRAXISTIPPS

Zum Umgang mit herausfordernden Kolleginnen und Kollegen

Ms Perfect

✱ Ansprechen, dass jeder Mensch seine Stärken und Schwächen hat (mit dem Ziel, Unvollkommenheit zu akzeptieren)

✱ Fehleinschätzungen zur eigenen Person oder Arbeit richtigstellen

✱ Bei abwertenden Aussagen nachhaken und ggf. rückmelden, wie (herablassend) das Verhalten auf einen wirkt

Krawallschachtel

✱ Das unangenehme Verhalten mit seinen Folgen klar benennen und zurückweisen

✱ Auf klare Abgrenzung zu Rollen, Zuständigkeiten und Aufgaben achten

* Höflich und freundlich bleiben und bei stärkerer Grenzüberschreitung deutlich machen, dass man diese nicht akzeptiert

Star

* Übertriebene Selbstdarstellung mit Sachlichkeit und Fakten parieren
* Sich unbeeindruckt zeigen, sich vom Bühnenstück distanzieren und neutral verhalten
* Das Einhalten von Absprachen kontrollieren und auf Versäumnisse hinweisen

Familienoberhaupt

* Sich freundlich abgrenzen und Nein sagen (lernen)
* Den Ball zurückspielen
* Bei stärkeren Grenzüberschreitungen das Fehlverhalten klar benennen

Ego

* Auf die Zusammenarbeit, das Teilen von Ressourcen und eine effiziente wie transparente Kommunikation verweisen
* Für einseitige (Macht-)Verhältnisse sensibilisieren, die eigenen Wünsche mitteilen und eigene Erwartungen an die andere Person konkret benennen
* Das Prinzip der wechselseitigen Partizipation leben und die eigene Meinungs- und Entscheidungsfreiheit im jeweiligen Bereich behaupten

Energieräuber

* Sich nicht von seinem Weg abbringen lassen
* Bei Unterstützung und Aufmerksamkeit für die andere Person gut auf die eigene Wahrnehmung achten und signalisieren, wenn es einem zu viel wird
* Den eigenen Standpunkt vertreten und bewahren

Kritiker

* Sich nicht an schlechter Rede beteiligen
* Die gemeinsame (positive) Basis suchen und betonen
* Deutlich machen, dass man auf abwertende Bemerkungen und unfaire Angriffe nicht eingeht

Chaosqueen

- Die konkreten Störungen, die sich durch fehlende Organisation in der Zusammenarbeit ergeben, benennen; wenn angemessen, kleine Hilfestellungen für eine bessere (Selbst-)Organisation geben
- Verlangen, dass Absprachen eingehalten werden
- An die Selbstverantwortung appellieren und die eigenen Grenzen aufzeigen

Angsthase

- Vermeidungsverhalten erkennen und, wenn möglich, anhand von Äußerungen der anderen Person voraussehen; proaktiv nach der Meinung und nach Vorschlägen für Handlungen fragen
- Absprachen schriftlich festhalten und bei Nichteinhaltung die Führungsebene einbeziehen
- Bei Auseinandersetzungen sachlich das Vermeidungsverhalten benennen, ohne die andere Person unter Druck zu setzen

Racheengel

- Dem Versuch, Gerüchte zu streuen, mit Fakten und der Sachlage begegnen und sich nicht an Tratsch beteiligen
- Die eigene Meinung vertreten
- Auf Machtkämpfe verzichten und Intrigen nach oben melden

Gummimensch

- Die eigenen Gefühle ernst nehmen und ansprechen
- Gespräche durch Fragen führen
- Die eigene Meinung vertreten und von der anderen Person eine Stellungnahme zu wichtigen Themen der Arbeit erbitten

Kollegiale Manipulationen

In der pädagogischen Arbeit können die Teammitglieder unterschiedliche Interessen verfolgen und manchmal gelangen diese zu Konflikten, bei denen nicht mehr fair gespielt wird. Es wird z.B. Nichtwissen oder Naivität vorgespielt oder sogar aggressiv gegen jemanden vorgegangen, der die eigenen Interessen nicht teilt. Wichtig ist, dass Erzieherinnen und Erzieher erkennen, wenn sie auf kollegialer Ebene manipuliert werden, um nicht gegen den eigenen Willen zu handeln. Sie finden sich sonst in Entscheidungen und Ergebnissen wieder, die sie ohne Manipulation so nicht getroffen und erwartet hätten.

PRAXISTIPP

Manipulationen können unbewusst oder bewusst ablaufen, aber immer verursachen sie bei der Person, die manipuliert wird, ein ungutes Gefühl. Dieses schlechte Bauchgefühl ist die beste Chance, vor einer Entscheidung oder vor einem Handeln ein Stopp zu setzen und zunächst genauer hinzuschauen, wodurch die Missstimmung verursacht wird. Erkennt man Manipulationen, kann man sich dagegen zur Wehr setzen

Manipulationen können bspw. in Drohen, Lügen, Gerüchte-Streuen, Verurteilen, Kommunikation-Verweigern, Informationen-Verfälschen oder Blockieren, Sich-dumm-Stellen, Ausweichen, Angreifen, Erpressen, Jemanden-Umgarnen oder Sich-bedürftig-Zeigen bestehen. Wichtig ist manipulative Verhaltensweisen zu erkennen, abzuwehren und sich zu schützen. Wir sollten die Person, die uns manipulieren will, mit ihrem Verhalten konfrontieren, indem wir es als unfair benennen und uns davon abgrenzen.

PRAXISBEISPIEL

Manipulation mit offener Aggression

Die Erzieherin Sophie diskutiert immer wieder mit ihrer Kollegin Anna in der Gruppe über die Schlafzeiten der Kinder. Anna findet es nicht angemessen, dass ältere Kinder, wenn sie nur ruhen und nicht schlafen möchten, sich wie alle anderen Kinder im Dunkeln in den Schlafraum ins Bett legen und ruhig sein sollen. Sie ist der Ansicht, dass die Ruhe so erzwungen wird und die Kinder unangenehme Gefühle mit Entspannung verknüpfen könnten.

Stattdessen hat sie andere Ideen, wie ältere Kinder zur Ruhe kommen. Ihre Ideen stoßen bei Sophie auf Abwehr, da diese meint, dass die Impulse von Anna den Ablauf in der Gruppe stören. Sie geht zur Leitung, und beschwert sich über Anna. Sie behauptet, dass Anna das Konzept der Kita nicht verstanden hätte und grundsätzlich infrage stellt, und droht damit, sich an den Träger zu wenden, wenn die Leitung die Erzieherin nicht anweist, dass sie alle Kinder zum Schlafen legen soll. Nebenbei streut sie die Bemerkung ein, dass Anna immer wieder in unfreundlichem Ton mit ihr spreche. Offenbar sei eine kooperative kollegiale Zusammenarbeit mit Anna nicht möglich.

Sophie beharrt auf ihrem Interesse, ohne das Interesse ihrer Kollegin und vermutlich auch das der älteren Kinder in der Gruppe angemessen zu berücksichtigen. Sie schwärzt Anna bei der Leitung an und verbindet dies gleich mit einer Drohung, sich an den Träger zu wenden, wenn die Leitung nicht gewillt sein sollte, ihrem Interesse zu folgen. Sophie will Misstrauen säen, und die Leitung gegen Anna aufbringen, um sich durchzusetzen.

Was können die Leitung und Anna tun? Zunächst gilt, wie bei allen unsachlichen und/oder bedrohenden Angriffen, bei emotionalen Ausbrüchen oder bei einem Übergriff in die eigenen Kompetenzen, seinerseits sachlich und fair zu bleiben. Man liefert anderenfalls einem manipulierenden Gegenüber nur Angriffsfläche und einen Boden. Sicher ist man bei einem offen aggressiven Auftreten mehr schockiert und aufgeregt als bei einer passiven indirekten Aggression - dort ist man meist erst einmal verwirrt.

Dennoch sollte man so gut wie möglich ruhig bleiben. Anna sollte ihr Ziel im Auge behalten, das hier die Bedürfnisse der älteren Kinder sind. Auch Sophie müsste sich ja an diesen orientieren, wenn sie eine gute Erzieherin für alle Kinder sein will. Anna kann das unsachliche und unfaire Verhalten direkt und konkret ansprechen. Sowohl Anna als auch die Leitung sollten deutlich machen, dass sie sich nicht mit Drohungen unter Druck setzen lassen.

PRAXISBEISPIEL

Ungerechtigkeiten

Eine Praxisanleiterin schnauzt in der Kita ihren Auszubildenden immer wieder an, dass er unzuverlässig und schlampig sei. Dieser versteht die Welt nicht mehr, denn das empfindet er nicht so. Auch die Kollegin in der Gruppe meint, sie müsse sich mäßigen und beurteile den jungen Mann zu hart.

Als dieser an einem Morgen wegen einer Fahrradpanne zu spät in die Kita kommt, schreit sie ihn an: „Das darf doch nicht wahr sein, von wegen Fahrradpanne! Sicher hast du verpennt und lügst mich an."

Hier gibt es keinen anderen Weg für den Azubi als einen abrupten Abbruch des „Gesprächs" und eine umgehende Beschwerde über die Praxisanleiterin, zunächst bei der Leitung, und falls diese sich nicht klar auf seine Seite stellt, beim Träger und der Auszubildendenvertretung. Zu seiner Praxisanleiterin kann er sagen: „Für mich stellt das kein konstruktives Gespräch dar, sondern eine falsche Unterstellung. Ich lasse mich weder anschreien noch beleidigen. Ich möchte das Gespräch so nicht fortsetzen, sondern werde mich an die Leitung wenden, damit diese den Vorwurf mit uns beiden klärt."

Sicher benötigt es Selbstbewusstsein für einen Auszubildenden, so klar aufzutreten und sich abzugrenzen, aber auch in einer Hierarchie unter Kolleg*innen muss sich niemand in einem Ausbildungs- oder Arbeitsverhältnis derart despektierlich behandeln lassen. Gerade die Rechte von Auszubildenden sind geschützt und es gibt die Möglichkeit, sich an eine Auszubildendenvertretung zu wenden und sich Unterstützung zu holen.

PRAXISBEISPIEL

Manipulation mit passiver Aggression

Silke und Anja sind Kolleginnen im Team der Kita mit überschneidenden Kompetenzen als Gruppenleitungen. Sie haben mehrere Zuständigkeiten inne, bei denen sie sich miteinander abstimmen müssen.

Anja stört sich daran, dass Silke sich gerne die etwas angenehmeren Aufgaben schnappt und ihr die unangenehmeren zuschiebt. Dies gelingt ihr mit Schmeichelei, dass Anja diese Aufgaben doch viel besser im Griff hätte und darin kompetenter sei. Als Anja diese Diskrepanz anspricht und dass sie möchte, dass sich in der Zukunft etwas daran ändert, geht Silke ihr von nun an aus dem Weg. Will Anja eine neue Aufgabenverteilung fixieren, fühlt sich Silke plötzlich unwohl und entschuldigt sich, oder sie muss dringend mit einer Mutter telefonieren oder gerade jetzt einen Behördentermin wahrnehmen, den sie fast „vergessen" hätte. Acht Wochen später ist die Situation die gleiche und Anja entwirft zunehmend Gedanken zu einem Stellenwechsel. Mit der Leitung oder dem Träger möchte sie nicht sprechen, da ihr das wie ein Verrat an ihrer Kollegin erschienen wäre.

Was kann Anja in diesem Fall tun? Passive indirekte Aggression ist nicht zu unterschätzen. Hier versucht jemand, sich zum Nachteil einer Kollegin die Rosinen herauszupicken. Das ist durchaus aggressiv, wenn auch verdeckt, und nur auf den eigenen Vorteil bedacht. Wie es der Kollegin geht, interessiert hier nicht. Leider ist gar nicht selten, dass Erzieherinnen wie Anja eine solche Kollegin nicht offen mit ihrem Verhalten konfrontieren und sich wegen einer falsch verstandenen Harmonie auch keine Unterstützung bei der Leitung oder beim Träger suchen.

„Weil man freundlich sein will, schluckt man Ärger hinunter. Dann sucht er sich versteckte Nebenwege: Jammern, Sabotieren, Sticheln, Krankwerden. Der beste Schutz ist regelmäßiges ‚Stallausmisten'. Ich suche und gebe Gelegenheiten, bei denen aufgestaute Frustrationen und Ärger ausgesprochen werden dürfen. Vor allem sollte man auf die dahinter liegenden nicht erfüllten Bedürfnisse schauen. Gut ist, wenn die Leitung ihre Mitarbeiter/-innen anregt, Unstimmigkeiten frühzeitig mitzuteilen. Sie wird nicht alle Bedürfnisse erfüllen können, aber ihr Team fühlt sich von ihr gesehen." *(Schmale-Riedel in Mannhard 2020b, 104).*

Indirekte Manipulationen zeichnen sich zum Beispiel durch absichtliche Missverständnisse, Schmeicheleien, Scheinargumente, Gefühlsausbrüche, „Vergessen", Vernebelungen, fehlende Antworten oder Präsenz und durch Ein-schlechtes-Gewissen-Erzeugen aus.

Typische Verhaltensweisen können sein:
* Absprachen nach dem eigenen Vorteil umdeuten
* Absprachen nicht einhalten
* Absprachen „vergessen"
* Vermeiden
* Ablenken
* Sich als schwach, krank, zu sensibel usw. darstellen
* Erschwernisse aufbauen
* Intrigieren

In das Schema der indirekten Manipulationen passt auch das Verhalten nach (vermeintlichen) Kränkungen. Wer gekränkt wurde oder sich gekränkt fühlt, auch wenn er vielleicht gar keinen Grund dazu hat, kann manchmal gerne und lange in der Rolle des Gekränkten verbleiben und unglaublich an Macht gewinnen. Irgendwann ist der Gewinn durch die Kränkung (die Manipulation des vermeintlichen Täters) größer als der, den man durch Einlenken und Verzeihen gewinnen würde. Aus dem Grund können manche Menschen nicht mal eine aufrichtig gemeinte Entschuldigung annehmen.

„Frauen sind persönlich störbarer, wenn wir davon ausgehen, dass sie eher mit dem Minderwertigkeitsgefühl in Kontakt sind. Dann richten sie schneller Kritik gegen sich als Person. Männer reagieren auf Kritik eher beleidigt und Frauen mit Schuldgefühlen, etwas falsch gemacht zu haben. Sie schlucken und werten sich als Person ab, obwohl es nur um die Sache geht, und Männer weisen sie stärker von sich. Nach außen hin haben es Männer leichter. Wie es in ihnen aussieht, mag dahingestellt sein. Das Kränkungspotenzial unter Frauen kann hoch sein, gerade wenn es um Neid und Konkurrenz geht. Frauen müssen lernen, Konflikte klar auszutragen, ohne sie persönlich zu nehmen. Das haben Frauen nicht gelernt, und sie mussten es auch nicht, weil sie früher vor allem mit Kindern zu tun hatten, und die Männer mussten mit klarer Aggression den Kampf in der Welt austragen. Wir alle haben ein schlechtes Konfliktniveau und können kaum mit Konflikten konstruktiv umgehen, unabhängig vom Geschlecht" *(Wardetzki in Mannhard 2020c, 84/85)*.

PRAXISTIPP

Interessenskonflikte, wie sie immer wieder in der Kita durch die verschiedenen Zielgruppen der Tätigkeit vorkommen, sind normal, und nicht immer wachsen sie zu unfairen Spielen aus. Viele Situationen lassen sich durch eine geschickte Gesprächsführung, z. B. mit klugen Fragen *(vgl. Mannhard 2019)* galant lösen. Ein weiterer Ansatz ist das Systemische Konsensieren *(vgl. Paulus in Mannhard 2020c, 41-52)*. Hier werden Interessenskonflikte nicht wie in der Politik mit einer „Kampfabstimmung" gelöst und die Überstimmten bauen hinterher alle indirekt und manipulativ ihren Frust ab, sondern es wird systematisch nach dem größtmöglichen gemeinsamen Nenner gesucht, auf den sich die Zielgruppen einigen können, und bei dem sie den geringsten Widerstand verspüren.

Literatur

Berger, J. & Bylitza, M.:
Stachlige Persönlichkeiten im Business. Mit schwierigen Mitarbeitern, Kollegen und Vorgesetzten erfolgreich zusammenarbeiten.
Marburg: Francke, (2019).

Berckhan, B.:
Judo mit Worten. Wie Sie gelassen Kontra geben.
München: Kösel, (2008).

Edge, H.:
Straining. Eine subtile Art von Mobbing.
Göttingen: Vandenhoeck & Ruprecht, (2014).

„Verbinden, was zerrissen ist". In: GEO Wissen Nr. 59: Die Kunst zu streiten, S. 6-23.
Hamburg: Gruner + Jahr, (2017).

Gute Nachricht Bibel. Limitierte Edition »Wellen«; mit den Spätschriften des Alten Testaments.
Stuttgart: Deutsche Bibelgesellschaft, (2019).

Fischedick, M.:
Überleben unter Kollegen. Wie die Zusammenarbeit mit Nervensägen gelingt.
München: Piper, (2018).

Mannhard, A.:
Biografiearbeit. Die innere Schatzsuche.
München: Scorpio, (2021).

Mannhard, A.:
Powerfrau Erzieherin: Du bist stark! Du bist gesund! Wie Sie den täglichen Kraftkillern begegnen und neu durchstarten.
Hamburg: Auer Verlag, (2020a).

Mannhard, A.:
Führen im Sandwich.
Berlin: Cornelsen, (2020b).

Mannhard, A. (Hrsg.):
Verhandeln in der Kita.
Berlin: Cornelsen, (2020c).

Mannhard, A.:
Von einer gelingenden Anerkennungskultur. Welt des Kindes.
Freiburg: Lambertus Verlag, (2020d).

Mannhard, A.:
Das Kita-Team.
Aachen: Ökotopia, (2019).

Mannhard, A.:
Der Lebensspur folgen. Biografiearbeit für Erzieherinnen und Erzieher.
Freiburg: Herder, (2018a).

Mannhard, A.:
Mobbing, Bossing, Straining und Staffing. Konfliktklärung innerhalb der Hierarchie in der Kita. ZHB KiTa/Kindheit & Vielfalt.
Regensburg: Walhalla, (2018b).

Weinig, S.:
Mit schwierigen Menschen klarkommen.
Hannover: Humboldt, (2019).

Autorin

© Cornelia Pelz

Anja Mannhard ist Geprüfte Personalfachkauffrau und Ausbilderin IHK, staatlich anerkannte Lehrlogopädin und Erzieherin, Personzentrierte Beraterin, Referentin, Autorin und Illustratorin. Nachdem sie viele Jahre in eigener logopädischer Praxis und in der Aus- und Weiterbildung pädagogischer und logopädischer Fachkräfte tätig war, leitete sie mehrere Jahre große Kindertageseinrichtungen und war als Kindergartengeschäftsführerin und Referentin tätig. Heute arbeitet sie als Logopädin, Autorin und Illustratorin.

Anja Mannhard hat zahlreiche Publikationen mit renommierten Verlagen veröffentlicht und mehrere Titel selbst illustriert, darunter auch Kinder- und Jugendbücher. Ihre Arbeitsthemen sind Führung, Persönlichkeitsentwicklung, Arbeits- und Kita-Recht, Praxisanleitung und Ausbildung, Biografiearbeit, philosophische Betrachtungen, Kinderzeichnung, kreatives Schreiben und Illustrieren, Kindersprache, Stimme und Sprechen. Weitere Informationen und die Kontaktdaten der Autorin finden Sie online auf ihrer persönlichen Website.

*** Auflösung des Quiz, S. 71 ***

X = Beobachtung: a, b, d, l
Y = Bewertung: c, e, f, g, h, i, j, k

Weitere Titel der Autorin

So gelingt's - Der Kita-Ratgeber

Verhandeln in der Kita
Professionell kommunizieren und sich gut positionieren

Anja Mannhard (Hrsg.), Katrin Gratz, Anja Mannhard, Georg Paulus, Parthena Tsentidou

Paperback, 88 S., A4, farbig
ISBN 978-3-8346-5252-2

Leitungswissen kompakt

Krisenmanagement in Kindertageseinrichtungen
Praxishilfen, Übungen und Fallbeispiele

Anja Mannhard

Paperback, 120 S., A5
ISBN 978-3-8346-5284-3

Ich bin mir wichtig!
Die 8 Schlüssel einer glücklichen Erzieherin

Anja Mannhard
(mit zahlreichen Illustrationen der Autorin)

Paperback, 64 S., 19 x 12,5 cm, farbig
ISBN 978-3-8346-5229-4

Ihre Kita erfolgreich managen
20 mentale Weisheiten für Leiterinnen

Anja Mannhard
(mit zahlreichen Illustrationen der Autorin)

Paperback, 80 S., A5, farbig
ISBN 978-3-8346-5250-8